図解でわかる 認知症の 知識と制度・サービス

石原哲郎

中央法規

はじめに

　「地域で暮らすということは、開いてまもるということかもしれません。」

　これは地元のお寺で講話を行ったときに、住職さんが伝えてくださった言葉です。認知症疾患の多くが進行性ですが、数年から10年以上、自立した生活を維持している人も増えています。そういう人たちは、地域の人や専門職とつながり、制度を活用して暮らしています。

　患者さんも医師と話すときは緊張すると思います。私も患者さんと話すとき、最初は緊張します。それが患者さんや家族と一緒に話しを重ねるうちに、お互いが開いてきて、本人の過ごしたい人生が明らかになり、家族関係がわかってきます。治療とともに人との縁がつながってくると、生活が維持できるようになることが多いです。開いたことで、人とつながり、そして自らの生活を守ることにつながるのだと思います。

　さて、私がこの本を書いた理由は、この「認知症の人や家族が地域で暮らすためには、だれとどうやってつながるのがよいのか」を教わることができなかったからです。認知症医療や介護についてのそれぞれの書籍はありますが、両方について網羅している入門書はありませんでした。ある程度全体像が見渡せるように、各項目見開き2ページに収まるように記載されています。

皆さんが、この本で認知症の基礎知識、支援制度やサービスについて理解し、認知症の人やその家族の味方となってくださることを願っています。

　本書は医療機関や行政、地域包括支援センター、介護支援事業所、訪問看護ステーションなどの職員やその分野への進出を予定している人々に向けて書かれています。また認知症サポーター、ボランティア、民生委員などの一般の方々にとっては、認知症に関する理解を深め、支援を企画するための資料としてご利用いただけると思います。また、認知症の人やその家族にもご一読いただければと思います。

　本書の作成にあたっては、医療やケアの現場で働く仲間やクリニックの職員、そして妻の育美から貴重なアドバイスをいただきました。また、中央法規出版の寺田真理子氏からは、読者に理解しやすい表現と素晴らしいイラストの提案をいただきました。ここに深く感謝の意を表します。

2023年9月

石原哲郎

はじめに

第 1 章　認知症の原因疾患と症状

第 2 章 認知症の診察（検査）・診断・治療

第 3 章 認知症の人を支える人たち

第 **4** 章 認知症の人を支える
制度・サービス

第 5 章 認知症の人の生活課題と解決策

第 6 章 制度・サービスの活用事例

第 7 章 キーワードで学ぶ これからの認知症ケア

認知症の
原因疾患と症状

01

認知症とは

● 認知症とは

　認知症とは、脳の機能が次第に低下し、日常生活に影響を与える病気の総称です。

　認知症のリスクは、高齢者や女性に高い傾向があります。実際、認知症の人の約80％が80歳以上で、そのうちの約80％が女性です。

　症状は認知症の種類によって異なりますが、**記憶力の低下**が最もよくみられます。日常的な会話や出来事を忘れることが多く、繰り返し同じ質問をすることがあります。

　さらに、**判断力**や**思考力の低下**もみられます。たとえば、お金の管理や家事など、以前は簡単にできたことが難しくなることがあります。また、**言語能力の低下**により、うまく話したり文章を理解することが困難になることがあります。加えて、**視空間認知能力の低下**により、自宅や身近な場所で道に迷うことがあります。

● 感情や行動の変化

　しばしば**感情の変化**も起こります。怒りや悲しみ、不安などの感情が変化することがあり、家族や友人との関係が悪化することもあります。また、興味喪失や無気力、事実でないことを事実と考えることもあります。

　行動の変化も認知症の特徴です。不要な物を集める、夜間に起きて動き回る、他人に対する不適切な行為が目立つこともあります。また、さまざまな状況が重なり、自宅にひきこもる方もいます。

　認知機能低下を完全に予防する手立てはみつかっていません。しかし、**診断後の適切な支援やサービス**は、認知症とともに生きる生活を維持するのに大きな助けとなります。

第1章 認知症の原因・疾患と症状

第2章 認知症の診察(検査)・診断・治療

第3章 認知症の人を支える人たち

第4章 認知症の人を支える制度・サービス

第5章 認知症の人の生活課題と解決策

第6章 制度・サービスの活用事例

第7章 キーワードで学ぶこれからの認知症ケア

能力の低下・障害

記憶力の低下

判断力の低下

言語能力の低下

注意力の低下

視覚認知の障害

社会的ルールの逸脱

空間認知の障害

行動・性格の変化

自己管理能力の低下

睡眠の問題

幻覚・妄想

運動機能の低下

無気力・抑うつ

社会的ひきこもり

症状はあくまで目安であり、認知症以外の疾患でもみられることがあります。

02

認知症の原因疾患と脳の構造

▶ 認知症の原因疾患

　認知症は100種類以上の要因で起こる病気とされています。脳の病気やけが、栄養不足、アルコールや薬の使用、毒物、甲状腺の問題、肝臓の病気などが考えられます。認知症と同じく認知機能低下をきたす発達障害や精神疾患との見分けも重要です。

　認知症で最も一般的な疾患は**アルツハイマー型認知症**で、**神経細胞**が障害されることが原因です。次いで多いのは**血管性認知症**で脳の血管が障害を受ける病気です。

　認知症についての理解を深めていくことは、認知症の診断や治療、予防だけでなく、認知症とともによりよい生活を送ることにもつながります。

▶ 脳の構造

　脳は神経細胞やそのつながりにより、私たちが考えたり、感じたり、動いたりすることをコントロールしています。しかし、認知症になると、神経細胞や神経細胞同士をつなぐ**シナプス**の構造が壊れて、うまくはたらかなくなります。脳が障害される部位は、病気によって異なります。医師は生きている人の脳を直接見ることができませんので、症状や血液検査、画像検査から病気を推測して診断しています。

　一般的に**前頭葉**が障害されると、思考力、判断力の低下や、行動が止められず、社会性が低下します。**側頭葉**が障害されると記憶力や言語能力、表情認知能力が低下します。**頭頂葉**が障害されると視空間認知能力や触覚に障害が出ます。後頭葉が障害されると視覚が障害されます。脳の内部の**視床**や**基底核**が障害されると運動機能の低下や不随意運動が出現します。**小脳**が障害されると、運動の調節障害やバランス感覚が悪化します。**脳幹**が障害されると構音障害や嚥下障害などが出現します。

第1章　認知症の原因　疾患と症状

第2章　認知症の診察（検査）・診断・治療

第3章　認知症の人を支える人たち

第4章　認知症の人を支える制度・サービス

第5章　認知症の人の生活課題と解決策

第6章　制度・サービスの活用事例

第7章　キーワードで学ぶこれからの認知症ケア

原因疾患

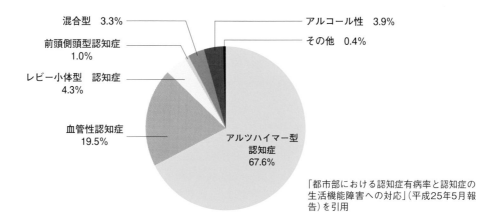

混合型　3.3%
前頭側頭型認知症　1.0%
レビー小体型　認知症　4.3%
血管性認知症　19.5%
アルコール性　3.9%
その他　0.4%
アルツハイマー型認知症　67.6%

「都市部における認知症有病率と認知症の生活機能障害への対応」（平成25年5月報告）を引用

脳の構造

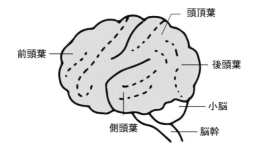

頭頂葉
前頭葉
後頭葉
小脳
側頭葉
脳幹

各領域の説明

前頭葉	脳の前部に位置し、思考や判断、社会性に関与
側頭葉	脳の両側に位置し、記憶や言語に関与
頭頂葉	脳の上部に位置し、空間認識や触覚に関与
後頭葉	脳の後部に位置し、視覚に関与
視床と基底核	脳の中心部に位置し、運動や感覚に関与
小脳	脳の後部に位置し、運動の調節やバランスに関与
脳幹（中脳、橋、延髄）	脳の下部に位置し、生命維持機能や感覚・運動に関与

03

認知症の中核症状と周辺症状

　認知症は、認知機能障害を特徴とする中核症状と、精神症状や行動障害を含む周辺症状の2つのカテゴリーに分類されます。周辺症状はしばしば「認知症の行動心理症状（BPSD）」といわれます。認知症の種類によって中核症状と周辺症状は異なります。たとえば、他疾患では周辺症状とされる**幻視**は、レビー小体型認知症では典型的な中核症状の一つともいえます。

中核症状とは

　中核症状は、認知症の主要な特徴である認知機能の低下を指します。たとえば、**記憶障害**、**実行機能障害**（問題解決能力の低下や計画の立案、判断力の低下）、**視空間認知障害**（空間認識や物体の位置把握の困難）、**失語**などです。

周辺症状（行動心理症状：BPSD）とは

　周辺症状は、認知症の人が経験する精神症状や行動障害を指します。周辺症状は、認知症だけが原因ではなく、周囲の環境や関係者の対応が影響して引き起こされることもあります。周辺症状が出現しないようにするためには、認知症の人や家族、関係者が状況を適切に把握し、情報を共有することが重要です。周辺症状が現れたと思ったら、原因となる可能性のある不快な出来事や身体的な問題、人間関係の悪化、環境変化などを確認し、適切な対処法を検討します。

　また、便秘でイライラしたり、薬剤による血圧低下でボーッとしても、本人が訴えないことから周辺症状と考えられてしまうことがあるので注意が必要です。医師と介護職が緊密に連携をとることが求められます。

認知症の主な中核症状と周辺症状の例　図

第1章 認知症の原因 疾患と症状
第2章 認知症の診察（検査）・診断・治療
第3章 認知症の人を支える人たち
第4章 制度・サービス
第5章 認知症の人の生活課題と解決策
第6章 制度・サービスの活用事例
第7章 キーワードで学ぶ これからの認知症ケア

主な中核症状

症状	症状の説明
記憶障害	過去の情報を把握し、思い出すことが難しくなり、新しい情報を覚えることができなくなる
注意力低下	情報に集中できず、何かをするのに時間がかかるようになる
意思決定の困難	意思決定や問題解決ができなくなったり、妥当な判断が難しくなる
言語障害	言葉を話すことや理解することが難しくなる
視空間認知障害	物体や空間の関係を把握することが難しくなる
失語	言葉を話したり、理解することが難しくなる
失行	筋力や感覚自体に問題はないのに、意図した動作や日常生活で必要な動作を正しく実行できなくなる
失認	顔や物の認識が難しくなる
実行機能障害	身の回りのことができなくなり、食事やお風呂、着替えなどの日常生活動作が困難になる

主な周辺症状（行動心理症状：BPSD）

症状	説明
不安	恐怖や不安感が強くなり、安心できなくなる
焦燥感	落ち着かず、イライラしてしまう
誤認・妄想	間違った理解や思い込み、現実と合わない思考や信念をもつ
幻覚	実際には存在しない視覚的、聴覚的なものを見たり聞いたりする
言動異常	他人を攻撃したり、嘘をついたり、無口になったりする
抑うつ	感情が沈んで、活力がなくなる
易刺激性	落ち着きがなく、些細なことでイライラしたり、怒りを表したりする
睡眠障害	睡眠時間が短くなったり、逆に長くなったり、夜間に目覚めたりする
食欲不振	食事が嫌になったり、食べ過ぎたりする
性的問題	過剰な性的欲求や逆に性的興味がなくなる

BPSDは、Behavioral and Psychological Symptom of Dementiaの頭文字からなる略語です。

04 アルツハイマー型認知症

▶ 症状の特徴と診断

　アルツハイマー型認知症は、認知症で最も多い疾患で記憶や学習の低下から始まり、**徐々に進行する病気**です。空間認識や判断力にも障害が生じます。さらに、無気力やうつ症状、妄想や幻覚も現れることがあります。65歳以下の若年発症の場合は、言語や空間認識の障害が特に目立つことがあります。

　アルツハイマー型認知症の特徴とされている記憶障害をきたす疾患はたくさんあります。特に高齢者の場合は、認知症の記憶障害と通常の老化の違いを見極めるのは難しく、医師は進行性かどうかを病歴から判断し、他の認知症との鑑別も行います。診断に際しては、画像検査や血液検査の結果も参考にします。

▶ 治療とケアのポイント

　薬物療法では、脳内のアセチルコリンの分解を抑制する**ドネペジル**、**ガランタミン**、**リバスチグミン**が主に処方されます。中等度以上の方にはグルタミン酸の調整機能のある**メマンチン**が使われます。この薬剤は易怒性の高い方に処方される傾向があります。さらに、新薬として**レカネマブ**が開発されています。

　ケアは初期から地域とのつながりを維持し、周囲から理解を得ることが大切です。すぐに忘れてしまっても、相手に対する印象などは残っていることがあるので、認知症の人に対する視線や言動、態度に十分注意しましょう。介護保険サービスは、訪問看護や訪問介護などの自宅での生活支援と、通所介護や短期入所生活介護などの施設に通って利用するサービスを組み合わせて、本人の生活支援・リハビリと介護予防・家族支援の両立を意識して導入します。

第1章 認知症の原因・疾患と症状
第2章 認知症の診察（検査）・診断・治療
第3章 認知症の人を支える人たち
第4章 認知症の人を支える制度・サービス
第5章 認知症の人の生活課題と解決策
第6章 制度・サービスの活用事例
第7章 キーワードで学ぶ これからの認知症ケア

アルツハイマー型認知症の症状と制度・サービス例　図

アルツハイマー型認知症の中核症状

記憶障害

＋

実行機能　注意力　言語　情報処理速度　社会的認知および判断　視覚認知または視空間認知

記憶障害＋1つ以上の認知領域の機能低下

アルツハイマー型認知症における時期ごとの主な症状の例

時期	症状	
初期（軽度）	・短期記憶（近時記憶）の低下 ・繰り返し同じ質問をする	・日常のタスク（料理、買物、銀行など）で混乱する ・判断力の低下
中期（中等度）	・昔の記憶の低下 ・時間や場所の認識が曖昧になる ・着替えや風呂などで介護が必要になる	・感情の変化、抑うつ症状 ・睡眠パターンの変化
後期（重度）	・自分や家族の名前を思い出せない ・歩行や移動が困難になり、寝たきりになる ・言葉が話せなくなる	・社会的交流が低下する（孤立） ・合併症による健康状態の悪化 ・言葉の理解や表現が困難になる

※人によりパターンは異なります

生活を支える主な制度・サービス

	初期	中期	終末期
診断から6か月以上経過	自立支援医療制度		
	精神障害者保健福祉手帳		
	介護保険サービス		
	訪問看護・訪問リハビリステーション		
	訪問介護		
	デイサービス		
		ショートステイ	
	小規模多機能型居宅介護		
	定期巡回・随時対応型訪問介護看護		
		看護小規模多機能型居宅介護	
		施設（有料老人ホーム、グループホーム、老健、特養など）	

症状や環境は一人ひとり異なるため、サービスの利用状況は異なります。

05

血管性認知症

▶ 症状の特徴と診断

　血管性認知症は、脳卒中が原因で認知機能障害が生じる病気です。アルツハイマー型認知症と違い、初期から歩行障害などの神経症状を伴います。**症状は障害されるパターンによって異なりますが、情報処理速度の低下や注意力の低下が現れる**ことが多いです。また、脳の障害による失禁やめまいなどの症状も合併することが多くあります。

　血管性認知症の原因は、脳梗塞や脳出血ですので、高血圧や糖尿病、脂質異常症などの**生活習慣病**のある人が多いのが特徴です。したがって、血液検査や心電図、画像診断などを早期に行い、生活習慣病の治療を行うことが障害の進行を遅らせる鍵となります。

▶ 治療とケアのポイント

　高血圧の場合は塩分制限や降圧剤が使われます。動脈硬化による脳梗塞の場合は抗血小板剤が処方されます。糖尿病や脂質異常症の治療も大切です。定期的な通院を心がけましょう。訪問診療や訪問看護による健康管理も有効です。

　適度な運動は生活習慣病にも効果的です。また、喫煙や過度の飲酒も避けるようにする必要があります。排尿障害や嚥下障害、易怒性や行動異常が現れた場合は、本人の自尊心を損ねないよう配慮しましょう。同じ血管障害をきたす疾患として、不整脈（心房細動）や狭心症、心筋梗塞の合併をしている方が多いです。動悸や胸部違和感、息切れなどがある場合は医師に相談しましょう。

　情報処理速度の低下はあっても、理解はできている場合があります。**先回りしたケアは、本人のやりたいことやできることを阻害し、関係性が悪化します。本人のペースに合ったかかわりが求められます。**

血管性認知症の症状と経過 　図

第1章 認知症の原因 疾患と症状
第2章 認知症の診察・検査・診断・治療
第3章 認知症の人を支える人たち
第4章 認知症の人を支える制度・サービス
第5章 認知症の人の生活課題と解決策
第6章 制度・サービスの活用事例
第7章 キーワードで学ぶ これからの認知症ケア

脳血管障害における主要な障害領域とそれに伴う症状

障害領域	症状	障害領域	症状
前頭葉	思考力の低下、判断力の低下、社会性の喪失	視床と基底核	運動機能の低下、不随意運動
側頭葉	記憶力の低下、言語能力の低下	小脳	運動の調節障害、バランスの喪失
頭頂葉	空間認識力の低下、触覚障害	脳幹（橋、中脳、延髄）	嚥下困難、言語障害、視覚障害

※症状は障害部位や障害の程度によって異なります。

血管性認知症の方の症状の進行例

脳梗塞（脳出血）を発症すると障害が増える傾向がみられる。段階的に症状が重くなる

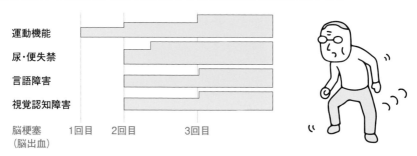

運動機能
尿・便失禁
言語障害
視覚認知障害

脳梗塞（脳出血）　1回目　2回目　3回目

血管性認知症のリスク管理

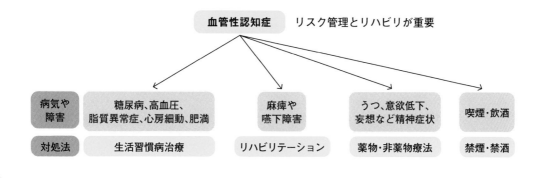

血管性認知症　リスク管理とリハビリが重要

病気や障害	糖尿病、高血圧、脂質異常症、心房細動、肥満	麻痺や嚥下障害	うつ、意欲低下、妄想など精神症状	喫煙・飲酒
対処法	生活習慣病治療	リハビリテーション	薬物・非薬物療法	禁煙・禁酒

06 レビー小体型認知症

症状の特徴と診断

レビー小体型認知症は、70歳以上の高齢者で多くみられる疾患で、集中力が低下し、自宅でも道に迷うなどの症状が現れます。認知機能は日や時間帯によって変動し、**幻視**や夜間の大声や動き、身体の動きの悪さもみられます。血圧低下や**めまい**などの身体症状を訴えることもあります。発症前から、**匂い**を感じなかったり、ひどい便秘や立ちくらみを起こすなどの**自律神経症状**と考えられる症状を伴うこともあります。

障害を引き起こす物質は、**パーキンソン病**と同じαシヌクレインという異常蛋白質です。転倒しやすくなる、歩行が小刻みになる、震えるなどのパーキンソン病と同様の症状が出現します。検査では、脳 MRI では明確な異常がみられませんが、SPECT や MIBG 心筋シンチグラフィでは障害が認められることがあります。

治療とケアのポイント

薬物療法では、**ドネペジル**は幻視や注意障害の改善に効果があるとされています。また、**ゾニサミド**は運動機能低下への効果が期待できます。

ケアのポイントは、運動や食事の工夫で**自律神経障害**を改善することです。特に**便秘**には注意し、最低でも2～3日に1度は排便があるように、食物繊維の多い食物やヨーグルトなどの腸内細菌叢を整える食事に気をつけたり、水分摂取を適切にする必要があります。難治性の場合は、薬剤を使用したり訪問看護で浣腸や摘便をしてもらいます。

また、立位になると血圧が下がる傾向がある人がいます（**起立性調節障害**）。臥位から立位に直接するのではなく、座位でいったん整えてから立つようにするなどすると、転倒事故が防げる可能性があります。

第
1
章
認知症の原因
疾患と症状

第
2
章
認知症の診察(検査)・
診断・治療

第
3
章
認知症の人を
支える人たち

第
4
章
認知症の人を支える
制度・サービス

第
5
章
認知症の人の
生活課題と解決策

第
6
章
制度・サービスの
活用事例

第
7
章
キーワードで学ぶ
これからの認知症ケア

レビー小体型認知症の5大症状

症状の大きな変動	リアルな幻視	便秘	失神	嗅覚障害

記憶障害より記憶錯誤や誤認が多い傾向がある

レビー小体型認知症における時期ごとの主な症状

時期	症状
初期	● 誤認、見誤り、聞き間違いが増える ● 睡眠障害(特にREM睡眠行動障害) ● パーキンソン病様の運動症状(筋肉のこわばり、手足の震え、不安定な歩行) ● 幻覚・妄想 ● 嗅覚障害 ● 便秘、起立性低血圧
中期	● 運動症状の進行(歩行困難、転倒リスクの増加) ● 精神症状の悪化(幻覚・妄想が深刻化) ● 認知症による日常生活の困難 ● 無気力、抑うつ、無関心
後期	● 記憶障害が重度 ● 会話や理解が困難 ● 常に身体・生活への介護が必要 ● 飲み込み障害、栄養状態の低下 ● 感染症による合併症(肺炎など)

レビー小体型認知症の診断に用いられる検査

検査	目的
MRI	異常がないことを確認するためにMRIを撮像する
SPECT／PET	脳の活動や血流を調べることでほかの疾患との鑑別を行う
MIBG心筋シンチグラフィ	心臓の交感神経機能を評価することで、自律神経障害の評価を行う
睡眠ポリグラフ検査	睡眠中の行動を調べることでレム睡眠行動障害の有無を調べる

07

前頭側頭葉変性症

▶ 症状の特徴と診断

　前頭側頭葉変性症は、脳の前頭部と側頭部に影響を与える病気で、指定難病（127番）です。この病気は、ほかの認知症とは異なり、**言語や行動に関する問題が主な症状**として現れます。症状が徐々に悪化し、日常生活に支障をきたすようになります。

　記憶力の低下も起こりますが、アルツハイマー型認知症ほどひどく障害されないため、病気と認識されにくいことがあります。このため、万引きや信号無視などのルールを逸脱した行動をして警察に逮捕されることもあるため、早期の専門医受診が望まれます。

　前頭葉の機能低下は、正常の加齢や脳梗塞、アルツハイマー型認知症でも起こり得ます。前頭葉機能低下を起こした認知症のなかで、前頭側頭葉の神経細胞脱落が起こるものが前頭側頭葉変性症ですが、生前の確定診断は難しく、遺伝子検査などで確定診断されます。主に65歳未満で発症するといわれています。

▶ 治療とケアのポイント

　薬物療法は、症状に応じて対症療法が行われます。抗うつ薬や抗不安薬、抗精神病薬などが使用されることがありますが、治療効果は個人差があります。

　前頭側頭葉変性症の人は、行動障害がクローズアップされますが、失語症による我々との意思疎通が問題である場合もあります。本人の行動パターンを理解し、非言語コミュニケーションを大切にしてかかわってみましょう。本人が行いたいと思っている行動がどんなことであるか理解しようとし、安全面に配慮しながら、できるだけかなえられるようにしましょう。また、症状が進行するにつれて、日常生活の支援や介護が必要になることがあります。早期のケア計画が大切です。

前頭側頭葉変性症の主な症状とケアのヒント　図

第1章　認知症の原因　疾患と症状

第2章　認知症の診察・検査・診断・治療

第3章　認知症の人を支える人たち

第4章　認知症の人を支える制度・サービス

第5章　認知症の人の生活課題と解決策

第6章　制度・サービスの活用事例

第7章　キーワードで学ぶこれからの認知症ケア

前頭側頭葉変性症の症状

症状	説明	ケアのヒント
脱抑制的行動	無意識に不適切な行動をとる	本人は無意識であることに注意しましょう。支援者と一緒にいったんその場から離れるようにしてみます。
常同行為	浴槽のふたを何時間も開け閉めするなど、同じ行動を繰り返し行う	本人の安全を確保しながら、繰り返し行動については止めないようにします。同じところを歩き回る場合も支援者を増やして、対応できる場合もあります。
食行動異常	食べ物に対する興味や好みが変わる	バナナやみかんなど、こだわる食材があります。過度の偏りがある場合は栄養のバランスの取れた経腸栄養剤や栄養バランス食品・飲料などを活用します。
無関心・共感の欠如	他人の気持ちに共感できなくなる	本人が他者の気持ちを理解できないことを理解します。家族・専門職で話し合う時間を設けます。
注意障害	一つの物事に注意を集中することができない。集中できる環境をつくる	何かをしているときには話しかけないようにします。
失語症	言語の理解が困難となり、コミュニケーションが困難になる	パントマイムを使ったり、絵を見せるなど、非言語コミュニケーションを積極的に取り入れます。
病識の欠如	自分が病気であることに気づかない	あえて、自覚させるようなことは、かえって症状の悪化につながりますので、許容することが大切です。
我が道を行く行動	自分の考えや意見を強く主張する	本人の行動は障害であり、変えられないと理解します。また、本人のペースに合わせることが大切です。
診察中の立ち去り行為	診察中にもかかわらず突然帰ろうとする	診察中は患者のそばにいてサポートし、出て行っても無理して診察を受けさせないで大丈夫です。
社会のルールが守れない	お金を払わずに、その場で食べてしまう、信号を無視するなど、社会的なルールを理解しにくくなる	周囲の人が理解を示せるように、病気をオープンにして協力してもらいましょう。
言葉の意味がわからない	言語障害による影響で、単語や物品の用途を理解しにくくなる	ハサミを見ても、「ハサミって何?」のような返答になることがあります。絵や写真を使ったり、一緒に行うとよいでしょう。
会話がう遠になる	話題に関連しない話をしてしまう同じ話を繰り返す	言いたいことと異なる話をすることがあります。関連のない話をしてしまう可能性について、事前に周知しておきます。

08

治療できる認知症

認知症をきたす疾患のなかには、多くの治療可能な疾患が含まれています。

　身近な状況としては、近年、独居の高齢者が増えてきており、低栄養や脱水をきたしている方もいます。ビタミン欠乏症、微量元素の欠乏も多く認められます。

代表的な治療できる認知症

　正常圧水頭症は、脳を守っている髄液の排出ができず頭蓋内に水がたまる病気です。原因は不明で、歩行障害、認知障害、排尿障害という特徴的な症状が現れます。MRIでは脳室の拡大、大脳皮質の脳溝が狭小化し、特徴的な画像変化をきたします。

　慢性硬膜下血腫は、頭部外傷後（1〜2か月後）に硬膜下に出血が貯留した状態で、脳実質を圧迫することでさまざまな症状が出現します。発症するのは70歳以上の高齢者が約8割を占めます。特に抗血小板剤の服用中、透析などをしている方では頻度が高くなります。軽症では頭痛のみ、中等度では傾眠や見当識障害があり、神経症状が出現します。CTやMRIで血種を発見することにより診断されます。

　内科疾患では、末期の肝硬変や甲状腺の病気などで認知機能が低下することがあります。**髄膜炎、脳炎**などの中枢神経感染症では、認知機能低下や意識障害が急激に進む可能性があり、MRI検査や髄液検査などですぐに診断し、治療する必要があります。

　自己免疫性疾患では、**多発性硬化症**があり、時間的・空間的多発性を有する脱髄が起こります。MRIにて検査を行います。

　てんかんも認知機能に影響を及ぼす疾患です。発症は幼少期と高齢期に起こることが多いとされています。特に側頭葉内側面にてんかんの焦点がある場合、近時記憶障害が目立つことがあります（側頭葉てんかん）。

第1章 認知症の原因 疾患と症状

第2章 診断・治療

第3章 認知症の人を支える人たち

第4章 制度・サービス

第5章 認知症の人の生活課題と解決策

第6章 制度・サービスの活用事例

第7章 キーワードで学ぶ これからの認知症ケア

治療可能な認知症と治療法 図

疾患	症状	受診機関、検査方法	治療法
甲状腺機能低下症	思考力や記憶力の低下、集中力の喪失	内科、専門外来	甲状腺ホルモンを補充する薬物治療
甲状腺機能亢進症	焦燥感、不安、手の震え	内科、専門外来	抑制薬やヨウ素剤、場合によっては手術
肝硬変	間違った意識や混乱、記憶障害	内科、総合病院	アルコールの摂取制限、薬物治療、肝移植
中枢神経感染症	記憶障害、意識レベルの低下、けいれん	神経内科、総合病院	抗菌薬や抗ウイルス薬、免疫療法
正常圧水頭症	歩行困難、認知機能の低下、尿失禁	神経内科、脳外科、総合病院	髄液シャント手術など
脳腫瘍	頭痛、けいれん、言語障害、視覚障害	脳外科、総合病院	手術、放射線治療、抗がん剤治療
慢性硬膜下血腫	頭痛、認知機能の低下、けいれん	脳外科、総合病院	手術で血腫を除去
てんかん	突然のけいれん、意識消失、一過性の障害	神経内科、精神科、総合病院	抗てんかん薬、手術など
ビタミンB1欠乏症	記憶障害、意識障害、運動機能の低下	内科、神経内科	ビタミンB1の補給（サプリメントや食事療法）
ビタミンB12欠乏症	神経障害、認知機能低下、うつ症状	内科	ビタミンB12の補給（サプリメント、注射、食事療法）
糖尿病・高血圧・脂質異常症	脳卒中リスク増加、認知機能低下	内科	血糖管理、食事療法、運動療法、薬物療法
睡眠時無呼吸症候群	睡眠障害、認知機能低下、うつ症状	耳鼻咽喉科	CPAP療法、体重減少、口腔器具（必要に応じて）

ここにあげたのは一例です。生活上できていたことができなくなったら早めに病院に行き原因を調べましょう。

09

若年性認知症

若年性認知症の特徴

　若年性認知症は、65歳未満で発症する認知症です。全国に約3.57万人が若年性認知症とされ、人口10万人あたり50人程度です。65歳以上の患者とは病状が異なることが多く、若年性認知症では、前頭側頭葉変性症が多い傾向があり、レビー小体型認知症は少ない傾向があります。遺伝的要因や家族性アルツハイマー病が関与していることもあります。頭部外傷やアルコールによる認知機能障害も多いです。

　若年性認知症の診断が困難である理由は、初期は日常生活に問題がなく、職場でのパフォーマンスが落ちるなど、一見わかりにくい病状であるためです。また、年齢が若く、本人や周囲も若年性認知症と気づかない場合があります。複数の病院に通院したり、認知症疾患医療センターや大学病院へ紹介されたりして確定診断に時間がかかります。

本人と家族の支援の両立が求められる

　若年性認知症への支援は政策に位置づけられており、認知症の人ができることを続けられるような支援が提供されます。医療機関や地域包括支援センターで、若年性認知症支援のハンドブックが配布され、都道府県ごとに専門相談窓口が設置されています。

　若年性認知症支援コーディネーターは、就労や社会参加をサポートし、認知症地域支援推進員や地域包括支援センター職員と連携して広域的なネットワークづくりを推進しています。一部地域では、就労継続支援事業所で若年性認知症の人の受け入れが行われています。また、**若年性認知症コールセンター**では、電話相談を受け付けています。家族支援も重要です。市区町村の家族向けの情報提供や相談窓口では本人と家族が適切な支援を受けられるよう整備がすすんでいます。

若年性認知症の特徴と制度・サービス例　図

若年性認知症と高齢者の認知症の違い

項目	若年性認知症	高齢者の認知症
発症年齢	平均54歳（現役世代）	高齢者（65歳以上）
性別の傾向	男性が多い	女性が多い
初期症状	仕事上のミスなど、軽微なことが多い	生活機能の低下などが多い
受診が遅れる理由	異常に気づくが受診が遅れる	歳のせいにしてしまう
経済的問題	世帯主である可能性があり、家族全体で経済的に困窮する可能性あり	年金生活者が多い。無年金者への対応など
主介護者	配偶者に集中する傾向がある	配偶者、子ども世代
複数のケアの可能性	子育てや親世代の介護と重なる可能性あり	老老介護、認認介護

若年性認知症の人や家族が利用できる制度・サービス

種類	概要	対象者	相談窓口
自立支援医療制度	自立支援医療制度の申請を行うと、所得に応じて医療費の一部が減免となる場合がある	認知症の診断のある人	各市区町村担当部署
精神障害者保健福祉手帳	障害者手帳を取得することで、公共交通機関の割引や税制優遇などが受けられる	認知症の診断から症状が半年以上続いている場合	各市区町村担当部署
障害福祉サービス	介護保険で利用できない部分の障害福祉サービスが受けられる	40歳未満の場合、介護保険サービスに希望するサービスがない場合	各市区町村担当部署
障害年金	障害が原因で働けなくなった場合に、所得補償として支給される年金	障害が原因で働けなくなった人	年金事務所、各共済組合、行政の年金窓口
介護保険サービス	介護保険のサービスが利用できる	介護保険に加入しており、40歳以上で認知症と診断された方	地域包括支援センター
介護休業・介護休暇	認知症の家族を介護するために、一定期間の休暇を取得できる制度	認知症の家族を介護する働き手	各職場の担当部署、ハローワーク

※制度の詳細は第4章をご覧ください

第1章　認知症の原因　疾患と症状

第2章　認知症の診察（検査）・診断・治療

第3章　認知症の人を支える人たち

第4章　認知症の人を支える制度・サービス

第5章　認知症の人の生活課題と解決策

第6章　制度・サービスの活用事例

第7章　キーワードで学ぶこれからの認知症ケア

10

薬剤の服用に伴う認知機能低下

　薬剤による認知機能障害は、ある種の薬が原因で認知機能が一時的に低下する状態を指します。これは、特定の薬が脳のはたらきに影響を与えるために起こります。この状態は、主に高齢者や既存の認知症がある人に多くみられますが、それ以外の人々にも影響を及ぼすことがあります。

　薬剤による認知機能障害は、通常、薬の使用を中止または変更することで改善したり、進行が止められます。ただし、症状は個人差があり、すぐに回復する場合もあれば、回復に時間がかかる場合もあります。

認知機能障害を引き起こす主な薬剤

　認知症の人が服薬している薬のなかで、認知機能障害を引き起こすものには、**抗コリン製剤**、**鎮静剤**、**睡眠薬**、**抗不安薬**、**鎮痛薬**などがあります。**これらの薬は、脳の神経伝達物質のはたらきに影響を与え、思考力や記憶力、注意力などの認知機能に悪影響を及ぼすことがあります。**こうした薬剤を複数服用することで、認知症と診断されている場合があるので注意が必要です。

　薬剤による認知機能障害が疑われる場合、まず主治医や薬剤師に相談することが重要です。医師は症状と薬の関係を評価し、必要に応じて薬の変更や量の調整を行います。また薬の管理ができず怠薬や過量服薬などの問題が発生している場合、医師の指示により薬剤師がご自宅に薬を届け、副作用の確認、服薬カレンダーへのセットや残薬の確認などを行う訪問薬剤指導が受けられます。かかりつけの薬剤師を持つのも多剤併用を防ぐためによいとされています。

認知機能低下が疑われたら注意する薬剤 図

第1章 認知症の原因 疾患と症状

第2章 認知症の診察・治療

第3章 認知症の人を支える人たち

第4章 認知症の人を支える制度・サービス

第5章 認知症の人の生活課題と解決策

第6章 制度・サービスの活用事例

第7章 キーワードで学ぶ これからの認知症ケア

薬剤の種類		主な薬剤	主な症状
中枢神経系に直接作用する薬剤	抗精神病薬	ハロペリドール、リスペリドン、アリピプラゾール、クエチアピン	ドーパミン受容体を遮断することによる記憶障害、注意力の低下
	睡眠薬	ジアゼパム、トリアゾラム	ベンゾジアゼピン系の向精神薬がよく用いられるGABA受容体に作用し、記憶障害、注意力、処理速度の低下をきたす
	抗不安薬	アルプラゾラム、エチゾラム、クロチアゼパム	
	抗うつ薬	アミトリプチリン	抗コリン作用や抗ヒスタミン作用により記憶障害、注意力の低下をきたす
	抗てんかん薬	フェニトイン	興奮性の神経伝達物質の放出を抑制することで記憶障害、注意力低下をきたす
抗コリン製剤	抗パーキンソン病薬	トリヘキシフェニジル	アセチルコリン受容体を遮断することで記憶障害、注意力の低下をきたす
	消化器病薬	ブチルスコポラミン	
	過活動膀胱治療薬	プロピベリン、ソリフェナシン	
抗ヒスタミン製剤	抗アレルギー薬	ジフェンヒドラミン	抗ヒスタミン作用により、覚醒度を下げる
	H2受容体拮抗薬	ラニチジン、ファモチジン	
その他	副腎皮質ステロイド	プレドニゾロン	神経伝達物質のバランスを変化させることで認知機能低下、精神症状をきたす
	鎮痛薬	トラマドール、ブプレノルフィン	オピオイドによる中枢神経系の抑制により、処理速度低下、記憶障害や注意力の低下をきたす
	抗腫瘍薬	シクロフォスファミド	中枢神経系の細胞にも影響を与えることがある
	利尿薬	フロセミド	血流の変化や電解質バランスの変動により、認知機能低下をきたす場合がある
	β遮断薬	プロプラノロール	一部のβ遮断薬は、中枢神経系に影響を与え記憶障害や注意力の低下をきたす

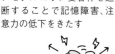

11 アルコール性認知症

アルコール性認知症とは

アルコール（特に過度の飲酒）は、脳に深刻な影響を与え、認知機能が低下します。**長期的に大量のアルコールを摂取すると、脳の神経細胞がダメージを受け、認知機能の低下が進行し、アルコール性認知症と呼ばれる状態につながります。**

たとえば、記憶力が衰える、時間や場所の認識が曖昧になる、判断力が鈍くなる、注意力が低下するといったことがあります。約束が守れなかったり作話をするため家族や職場、友人との関係性が悪化することが多いです。日本では生活習慣病のリスクを高める量の飲酒をしている人が、男性で15％、女性で９％おり、女性が増加傾向にあることが懸念されています。

治療とケアのポイント

アルコール性認知症は、アルコールの摂取を続けることで進行しますが、アルコールの摂取をやめ、栄養状態がよくなると症状が改善される可能性があります。ストレスや睡眠不足がアルコール摂取量に影響を与えることがあるため、ストレス管理や良質な睡眠をとることが重要です。断酒のための抗酒剤や食事療法、生活スタイル改善の指導を受けることも重要です。

また、家族内で問題を抱え込まず、行政や専門の医療機関に相談し、助言や支援を求めましょう。市区町村の精神障害者を担当する部署では、専門家によるカウンセリングやセラピー、アルコール依存症のセルフヘルプグループ、地域の支援団体や施設などの情報を得ることができます。また行政の保健師による訪問などを受けられる場合もあります。

アルコールによる認知機能低下の特徴 図

アルコールによる認知機能低下の特徴

症状	説明
記憶や見当識の障害	最近の記憶や昔の記憶や人、場所の見当識の損失がみられ、新しい情報の記憶や過去の出来事の思い出すことが難しくなります。覚え違いや作話がみられることがあります。
集中力の低下	注意力が散漫になり、集中して物事に取り組むことが難しくなります。
判断力の低下	状況判断が困難になり、危険を見極める能力が低下します。
言語能力の低下	言葉を正確に表現できなくなることや、話すスピードが遅くなることがあります。
視覚認知機能の低下	空間認識が困難になり、物の位置や距離を正確に把握できなくなることがあります。
実行機能障害	日常生活での計画立案や組織化、継続的な活動や課題の達成が難しくなります。
アルコール依存症でみられる症状	攻撃的になる、脱抑制が起きる場合や、逆に意欲低下が起きるなど、アルコール依存症と同じような症状が出現します。

アルツハイマー型認知症と飲酒による認知障害の違い

項目	アルツハイマー型認知症	飲酒による認知障害
原因	脳内のたんぱく質の異常蓄積や神経細胞の損傷が原因	アルコールの過剰摂取による脳神経細胞の損傷や栄養不足が原因
症状の進行	進行性であり、徐々に悪化していく	飲酒を続けることで悪化する
記憶障害	近時記憶・長期記憶ともに障害がみられる	最近の記憶の障害、記憶錯誤、作り話が多くなる
認知機能の低下	言語能力、空間認識、判断力などが段階的に悪化する	飲酒時とそうでないときの差がある。脳血管障害等他疾患との合併もあり複雑
治療法	根本治療はなく、症状の進行を遅らせる治療が行われる	飲酒の中止やアルコール依存症の治療による禁酒、栄養状態の改善が治療の主軸
予防法	運動や食生活に気をつけるなどが有効といわれているが、議論がある	飲酒量のコントロール（禁酒）が効果的　家族への支援も重要

第1章 認知症の原因　疾患と症状

第2章 認知症の診察（検査・診断）・治療

第3章 認知症の人を支える人たち

第4章 認知症の人を支える制度・サービス

第5章 認知症の人の生活課題と解決策

第6章 制度・サービスの活用事例

第7章 キーワードで学ぶこれからの認知症ケア

12

認知症に間違えられやすい疾患(うつ病、せん妄など)

　認知機能障害を引き起こす疾患はたくさんあります。病歴、身体検査、臨床検査、神経心理学的検査などを含む総合的な評価を行うことで、認知症と他の疾患との鑑別を行います。適切な診断がなされれば、適切な治療につながり、患者さんやそのご家族をサポートすることができます。

高齢者によくみられるうつ病
　うつ病は高齢者によくみられる症状で、**記憶障害や集中力の低下など、認知症と似た症状を示すことがあります**。鑑別するためには、病歴、身体所見、臨床検査、神経心理学的検査などを十分に行う必要があります。うつ病と認知症の重要な違いは、病気の経過にあります。うつ病は悲しい気分や絶望感を伴うことが多いのに対して、認知症では気分的な要素が顕著でないことが多いです。ただし、レビー小体型認知症のように抑うつ気分をきたしやすい認知症もあるため注意が必要です。

体調の悪化や入院・入所でみられるせん妄
　せん妄は、混乱、見当識障害、認知機能の変化などを引き起こすため、認知症と間違われることが多くあります。せん妄は、脱水や多剤併用でも起こりますし、基礎疾患や精神疾患と関連していることが多く、あらゆる年齢の人に起こります。高齢者の入院では、慣れない環境に加え、モニターやセンサー、心電図の音などにより、多くの人が経験します。

認知症に間違えられやすい主な疾患　図

状態	精神症状	認知症との相違点	受診先と主な治療法
うつ病	記憶障害、判断力の低下、意欲低下	睡眠障害や食欲の低下、自殺念慮などの症状がある	**精神科** 抗うつ剤による治療や、訪問看護・リハビリテーション
せん妄	混乱、幻覚、妄想	急性に発症することが多く、病気や薬の影響によるものが多い	**神経内科、精神科** 減薬が有効な場合もある。一部の抗精神病薬（転倒や嚥下障害などの副作用に注意が必要）
正常の加齢	記憶力の低下、反応速度の遅延	想起できないがヒントがあれば思い出せる。日常生活に大きな影響を与えない	**かかりつけ医、神経内科** 町内会活動、認知症カフェなどへの参加
薬剤による認知障害	記憶障害、判断力の低下	特定の薬剤の使用によるものであり、薬剤を中止することで改善する場合がある	**かかりつけ医、薬局、神経内科** かかりつけ医で減薬または、総合病院神経内科で相談する
アルコール依存症	記憶障害、注意力の低下、判断力の低下	摂取量や使用期間によって影響の程度が異なる。飲酒をやめると改善する場合がある	**精神科** カウンセリング、入院療養、抗酒剤など
脳腫瘍、頭部外傷	記憶障害、言語障害、行動異常	症状が進行するにつれて、頭痛や吐き気、けいれんなどの症状も現れることがある	**脳神経外科** 外科手術、化学療法、放射線治療など

COLUMN　発達障害と認知症

　脳の生まれつきの特徴に関連した問題で、社会や学習に困難を感じることがあります。発達障害もその一つです。子どもの頃から成績が振るわない、周囲の人との関係性が築けないなどの状況があっても、家族や周囲の人は、こういう人だという認識のもと、生活を送っている場合があります。本人が就職をしたり、家族が歳をとって本人の支援ができなくなってはじめて障害が気づかれることがあります。そうすると、これまでできていたことができなくなったと判断されて認知症と誤診されることがあります。

　認知症と診断されてしまう理由の一つは、認知症の初期症状に似ていることがあげられます。また、医療者が発達障害に対する知識や経験が不足している場合や、発達障害が成人期まで気づかれなかった場合に認知症と間違われることがあります。中高年以降の発達障害の診断が難しいことも、認知症と診断されてしまう要因の一つです。

第
2
章　認知症の診察（検査）・診断、治療

第
3
章　認知症の人を支える人たち

第
4
章　認知症の人を支える制度・サービス

第
5
章　認知症の人の生活課題と解決策

第
6
章　制度・サービスの活用事例

第
7
章　キーワードで学ぶこれからの認知症ケア

第1章参考文献

- 日本神経学会監、「認知症疾患診療ガイドライン」作成委員会編『認知症疾患診療ガイドライン2017』医学書院、2017年
- 石原哲郎『なぜ認知症のある人とうまくかかわれないのか？』中央法規、2020年
- 池田学編著『日常診療に必要な認知症症候学』新興医学出版社、2014年
- 『Newton　別冊　科学的に正しい認知症と老いのつき合い方　認知症の教科書』ニュートンプレス、2023年
- 一般社団法人日本認知症ケア学会編『認知症ケア標準テキスト　改訂5版・認知症ケアの基礎』ワールドプランニング、2022年
- 一般社団法人日本認知症ケア学会編『認知症ケア標準テキスト　改訂5版・認知症ケアの実際Ⅰ:総論』ワールドプランニング、2022年
- 若年性認知症コールセンター　https://y-ninchisyotel.net/
- 難病情報センター　前頭側頭葉変性症（指定難病127）https://www.nanbyou.or.jp/entry/4841

第 **2** 章

認知症の診察（検査）・
診断・治療

01

認知症の兆しを
みつけたら

認知症の兆し

　認知症の兆しとなる症状は多数あります。**気になる症状がみられたら、早めに病院に行きましょう。**家族や友人が気づいた変化や、自分自身で感じる違和感があれば、病院を受診することが大切です。適切な治療やケアで、認知症の進行を遅らせることができるかもしれません。

　また、歩行が不安定になり、転びやすくなった場合は要注意です。パーキンソン症候群や小さな脳卒中が起きている可能性があり、血管性認知症を発症していることも考えられます。ビタミン不足や甲状腺機能低下症などの症状も、高齢者によくみられます。

病院選び

　病院選びは悩ましいものですが、**まずはかかりつけ医に相談してください。**85歳以上でもの忘れがあるだけの場合は、専門医を受診されない方も多くおられます。

　内科疾患や歩行障害がある場合は脳神経内科、運動機能が良好で精神的な問題がある場合は精神科、外傷や脳卒中がある場合は脳外科を受診しましょう。認知症疾患医療センターを案内されたときは、かかりつけ医の紹介状を持って受診するようにします。

病院へ行きたくないと言われたら

　家族が誘っても病院に行きたくない方もおられます。**信頼できる人やかかりつけ医から声をかけると、診察を受けてもらえる**こともあります。かかりつけ医がいない場合は、地域包括支援センターで訪問してくれる医師の情報をもらうことも一つの方法です。

認知症の兆しと思われる症状・行動 　図

症状・行動	説明	症状・行動	説明
もの忘れ	最近の記憶力が低下し、日常的な会話や物事を忘れることが増える	時間や場所の認識が曖昧になる	日付や時間、場所についての見当識が曖昧になり、正確な情報が思い出せなくなる
繰り返しの質問・行動	同じことを繰り返し聞く、同じ行動を繰り返すことが増える	人間関係の変化	性格が変わったり、家族や友人に対して関心がなくなり、過剰な感情を示す
判断力の低下	日常生活での判断力が低下し、危険を認識できなくなる	社会的な引きこもり	人とのコミュニケーションが難しくなり、友人や家族と会う機会が減る
会話の困難	話をするのが難しくなり、言葉が出てこなかったり、言いたいことがうまく伝えられなくなる	視空間認識の困難	物の位置や距離を正確に把握することが難しくなり、目の前の物にぶつかったり、物をつかむことが難しくなる
道に迷う	いつもの道でも迷ってしまうことが増える	幻視・妄想	存在しないものを見たり、現実とは異なる思い込みが強くなる
感情の変化	怒りやすくなったり、涙もろくなったりする	レム睡眠行動異常	寝ているにもかかわらず、大声をあげたり、家の中を歩き回ったりする
日常生活のルーチンが乱れる	日常生活のルーチンが乱れ、食事や睡眠などの生活リズムが不規則になる	睡眠パターンの変化	昼夜が逆転して、1日中起きていたり、眠ったりする
家事や趣味への興味喪失	以前は楽しんでいた家事や趣味への興味を失い、行動が消極的になる	言語理解の低下	言語でのコミュニケーションが難しくなる
身だしなみの変化	服装や身だしなみに無頓着になる	動作の不器用さ	動作が拙劣となり、箸などが使えなくなる
順序立てて物事を進めることが困難	物事を順序立てて進めることが難しくなり、複数のタスクを同時にこなすことができなくなる	味覚・嗅覚の変化	味覚や嗅覚が変化する
金銭管理の困難	お金の管理が難しくなり、無駄遣いをしたり、支払いの計算ができなくなる		

このような症状がみられたら、早めに病院に行きましょう

第1章　認知症の原因　疾患と症状

第2章　認知症の診察（検査・　診断・治療

第3章　認知症の人を支える人たち

第4章　認知症の人を支える　制度・サービス

第5章　認知症の人の　生活課題と解決策

第6章　制度・サービスの　活用事例

第7章　キーワードで学ぶ　これからの認知症ケア

02

認知症の診断と
発見するための検査

▶ 診断の流れ

　認知症の診断は、まず医師が患者さんの話を聞き、症状や状況を把握します。その後、記憶力や思考力を調べる簡単なテストを行い、必要であれば画像検査や血液検査を実施します。これらの検査結果をもとに、認知症かどうかを判断します。

▶ 主な検査

　認知機能検査は、記憶力や言葉の理解、計算能力などをチェックするテストです。簡単な質問に答えたり、絵や文字を使った問題を解きます。この検査で認知症の兆候がみつかった場合、さらに詳しい検査を行います。

　次に、**画像診断**を行います。**MRI**や**CT**といった形態検査では、脳の形や大きさ、病変を調べます。**脳血流検査**や**PET**などの機能検査は、脳のはたらきをチェックする検査です。脳のどの部分の活動が低下しているかを調べることができ、認知症の進行状況やタイプを推定することができます。

　さらに、脳波や心電図などの**生理学的検査**を行います。これは、脳や心臓のはたらきを電気信号で調べる検査です。脳や心臓が正常にはたらいているかを確認することができます。最後に、血液や髄液などの検査を行います。認知症の原因となる物質や、ほかの病気の兆候をみつけることができます。特に甲状腺の機能低下やビタミンの欠乏、糖尿病などは一般的に調べられます。

　研究段階ではありますが、アルツハイマー型認知症の発症に関連するといわれている遺伝子検査や、髄液や血液中のアミロイドβ蛋白やタウ蛋白を調べることも可能です。これらの検査方法は、認知症が進行する前に早期に発見するために重要です。

第1章　認知症の原因　疾患と症状

第2章　認知症の診察（検査）・診断・治療

第3章　認知症の人を支える人たち

第4章　認知症の人を支える制度・サービス

第5章　認知症の人の生活課題と解決策

第6章　制度・サービスの活用事例

第7章　キーワードで学ぶこれからの認知症ケア

認知症の兆しをみつけてから診断、治療にいたる一般的な流れ

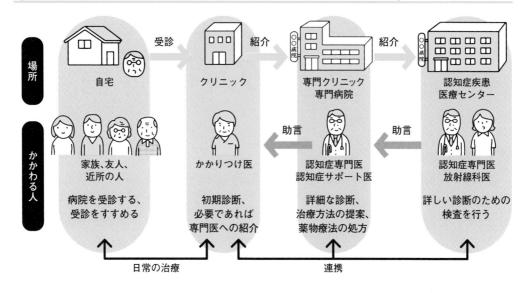

場所	自宅	→ 受診	クリニック	→ 紹介	専門クリニック 専門病院	→ 紹介	認知症疾患 医療センター

かかわる人	家族、友人、近所の人	かかりつけ医	認知症専門医 認知症サポート医	認知症専門医 放射線科医
	病院を受診する、受診をすすめる	初期診断、必要であれば専門医への紹介	詳細な診断、治療方法の提案、薬物療法の処方	詳しい診断のための検査を行う

日常の治療　　　　　　　　連携

認知症を発見するための検査

検査方法	説明	検査方法	説明
神経心理検査（認知機能検査）	記憶力、言葉の理解、計算能力などをチェックするテスト。簡単な質問や問題を解いて認知症の兆候を調べる	脳血流検査やPET（機能検査）	脳のはたらきをチェックする検査。脳のどの部分が活発にはたらいているかを調べ、認知症の進行状況やタイプを特定する
心理検査	知能や発達の水準やパーソナリティ（人格）のあり方などを客観的に評価するためのツール。もともとの知的水準を評価したり、うつ病や発達障害などが疑われる際に行われる	脳波や心電図（生理学的検査）	脳や心臓のはたらきを電気信号で調べる検査。脳や心臓が正常にはたらいているかを確認する
MRIやCT（形態検査）	機械を使って脳の形や大きさを調べる検査。認知症による変化や、ほかの病気が原因でないかを調べる	血液や髄液の検査	体液を調べる検査。認知症の原因となる物質や、ほかの病気の兆候をみつけることができる

03

診断後の通院と
診断後支援の手引き

▶ 診断後の通院

　認知症の診断は、通常は**認知症の診断のトレーニングを受けた医師や専門医**が行います。診断の結果をふまえて治療方針が決まると、かかりつけ医に戻って通院することが多いです。診断後の通院は２週間に１度から３か月に１度程度で、精神症状や併存する疾患の状況により変わります。通院が難しい場合は**定期訪問診療**を受ける人もいます。

▶ 診断後の生活を支援する機関

　診断後に、生活を継続するための支援を得るには、**地域包括支援センター**に行きます。同センターでは、保健師、社会福祉士、主任ケアマネジャーが在籍しています。職員は認知症の本人や家族の暮らしを確認し、生活課題や本人の強みを見出して、介護保険の申請手続きやさまざまな情報を提供してくれます。さらに、主治医や専門医療機関、介護保険サービスと連携して、虐待や権利擁護関連の相談にものってくれます。

　なお、認知症と診断されていなくても相談は可能です。認知症の兆しがあるけど本人が病院に行きたがらないなど、高齢者の介護で心配事があれば相談に行きましょう。

　認知症カフェは、認知症の人や家族が地域の人や専門家と情報を共有し、理解し合う場です。地域包括支援センターで情報が得られます。認知症カフェはさまざまな形態がありますが、地域で活動する**認知症サポーター**などのボランティアや認知症地域支援推進員、地域包括支援センター職員などが開催しています。お茶を飲みながら専門家や認知症の本人、家族の話を聞くこともあれば、参加者が車座になって自らの体験を語ることもあります。おおむね１～２時間程度です。活動的なグループでは山登りなどのイベントが企画されることもあります。

診断後支援に役立つ項目 図

項目	診断後支援での役割	主な支援者
地域包括支援センターの利用	保健師や社会福祉士がいる地域包括支援センターで、医療・介護に関する相談を行う	保健師、社会福祉士、主任ケアマネジャーなど
認知症カフェ	認知症の人や家族が地域の人や専門家と情報を共有し、理解し合う場	認知症の人、家族、地域の人、専門家
家族会や本人ミーティング	認知症の人や家族の悩み・情報を共有する	認知症の人、家族、支援者
町内会活動や民生委員との相談	地域の活動に参加し、支援を受ける	町内会、民生委員
かかりつけ医との連携	診断後の治療やケアの進行を共有する	かかりつけ医
訪問診療等の活用	本人が通院を望まなかったり、待合室で待てない場合に診断後の診療を継続する	訪問医、訪問看護、訪問リハビリテーション
日常生活の見直し	生活環境や生活リズムを見直し、安全で快適な生活を送れるようにサポートする	訪問医、訪問看護・訪問リハビリテーション、家族、ケアマネジャー
薬物療法の管理	医師の指示にしたがい、薬を適切に管理し、症状の改善や進行の遅延に努める	医師、薬剤師
介護サービスの利用	必要に応じて、訪問介護やデイサービスなどの介護サービスを利用し、認知症の人と家族の生活を維持する	主治医、ケアマネジャー、サービス提供事業者

町内会活動がある地域では、民生委員が相談にのってくれることもあります。また、認知症ケアパス（地域の認知症情報のまとめ）が整備されている地域もあります。これは地方自治体や地域包括支援センターで入手できます。このようなサポートを活用して、認知症の人と家族が安心して暮らせるようにしましょう。

第1章 認知症の原因 疾患と症状

第2章 認知症の診察（検査・診断・治療

第3章 認知症の人を支える人たち

第4章 認知症の人を支える制度・サービス

第5章 認知症の人の生活課題と解決策

第6章 制度・サービスの活用事例

第7章 キーワードで学ぶ これからの認知症ケア

04

中核症状に対して
処方される治療薬

　認知症は進行性の疾患で、世界で何百万人もの人が罹患しています。広範な分野での研究にもかかわらず、現在認知症を治療する方法はなく、選択肢も限られています。しかし、特定の症状に対処し、**病気の進行を緩やかにする薬剤があります。**

認知症の治療で使われる薬剤
　よく使われる薬剤の一つに**コリンエステラーゼ阻害薬**があります。現在は**ドネペジル**、**リバスチグミン**、**ガランタミン**などがあり、これらは記憶と認知機能に関与すると考えられている神経伝達物質（アセチルコリン）の神経終末の濃度を増加させることで作用します。ドネペジルについては、レビー小体型認知症にも保険適応されます。
　もう一つは、**NMDA受容体拮抗薬**の**メマンチン**です。この薬はアルツハイマー病で過剰に作用する神経伝達物質グルタミン酸の活性を調節するもので主に中等度から重度の病気に使用されます。

その他の薬剤
　抗てんかん薬であるゾニサミドは、レビー小体型認知症における認知機能や、日常生活動作や行動症状の改善も認められたことが報告されています。抗パーキンソン薬についても、レビー小体型認知症で使用されることがあります。
　ただし、これらの薬剤は特定のタイプの認知症にのみ有効であり、**すべての人に有効であるとは限らない**ことに注意が必要です。副作用もあるため、医療従事者の厳重な監視の下で使用する必要があります。

第1章 認知症の原因 疾患と症状

第2章 認知症の診察（検査・診断・治療

第3章 認知症の人を支える人たち

第4章 認知症の人を支える 制度・サービス

第5章 認知症の人の 生活課題と解決策

第6章 制度・サービスの活用事例

第7章 キーワードで学ぶ これからの認知症ケア

分類	薬剤名	効果	適応症	用法用量
コリンエステラーゼ阻害薬	ドネペジル	神経終末のアセチルコリンのレベルを維持	アルツハイマー型認知症、レビー小体型認知症	内服薬：1日1回、3mgから開始、最大10mgまで増量可能（場合によってはさらに少量から開始することもある） 外用薬：1日1回27.5mgを貼付する。高度のアルツハイマー型認知症患者にはドネペジルとして27.5mgで4週間以上経過後、55mgに増量するが、減量できる
	リバスチグミン	神経終末のアセチルコリンのレベルを維持	アルツハイマー型認知症	貼付剤。1日1回、4.5mgから始め、1か月ごとに4.5mgずつ増量し、最大18mgまで増量可能
	ガランタミン	神経終末のアセチルコリンのレベルを維持	アルツハイマー型認知症	1日2回、1回4mgから始め、1か月ごとに増量し、最大1日24mgまで増量可能
NMDA受容体拮抗薬	メマンチン	グルタミン酸の活性を調節	アルツハイマー型認知症（中等度から重度）	初期療法として1日1回、5mgから始め、1週間ごとに5mgずつ増量し、最大20mg（腎障害がある場合は最大10mg）まで増量可能
抗アミロイド抗体	レカネマブ	アミロイドβ蛋白を除去	プロドローマルAD（症候前認知症期）から軽度アルツハイマー型認知症	2週に1回の点滴静注（投与量は患者の体重に応じて調整）
抗てんかん薬	ゾニサミド	認知機能の改善とともに、日常生活動作や行動症状の改善	レビー小体型認知症	1日1回、25mg

図中ラベル（コリンエステラーゼ阻害薬 ドネペジルの効果欄）:

シナプス前膜
アセチルコリンエステラーゼ(ChE)
アセチルコリンを分解して神経系の接続を悪くする
ChE阻害薬がアセチルコリンを分解するのを阻害する
アセチルコリン受容体
シナプス後膜
シナプス間隙

朝食後

COLUMN 認知症の新薬開発

アルツハイマー型認知症では、アミロイドβ蛋白と呼ばれる異常な蛋白質が蓄積します。それを除去する抗体薬レカネマブが開発されました。病気の進行をゆっくりにする効果がありますが、脳出血や脳浮腫などの副作用も報告されています。

05

周辺症状に対して処方される治療薬

どのような薬剤が処方されるのか

認知症の症状には中核症状と周辺症状（認知症の行動心理症状：BPSD）があります。BPSDは、認知症だけでなく、便秘などの身体の健康状態、飲酒、環境、人間関係などが影響して出現します。BPSDは、本人と家族の生活や周囲の人との関係に大きな影響を及ぼします。

現在の健康保険上では、認知症のBPSDに対して適応があるとされている薬剤はありませんが、原因を特定したうえで、症状に応じた薬剤が使用されることがあります。たとえば、よく使用される薬剤として、統合失調症などの治療薬である**抗精神病薬**があります。リスペリドン、アリピプラゾール、オランザピン、クエチアピンなどの薬剤は、興奮や攻撃性の症状を軽減するのに有効であるとして広く使用されています。しかし、これらの薬剤を使用すると、死亡率が高まったり、脳卒中やパーキンソニズムなどの重大なリスクの上昇がみられるため、ガイドラインでも**周囲の人とのかかわりや環境の調整などの非薬物アプローチが優先**とされています。

薬剤を使用する際の注意点

BPSDに対する治療薬を使うときに大切なことは、**常に副作用がないか確認する**、効果がなければ中止するということです。たとえば、BPSDを引き起こす原因が本人を取り巻く環境（孤立している、尊厳が守られていないなど）にある場合は、薬による症状の改善は期待できません。それどころか、副作用で傾眠状態になり転倒しやすくなるなどの悪影響を及ぼします。BPSDに対しては、本人や家族への心理的サポートを行ったうえで非薬物療法を検討します。

周辺症状に対して使用されている主な薬剤 図

	薬物名	効果	副作用	特徴
運動機能障害	抗パーキンソン薬レボドパ／カルビドパ製剤	運動機能の改善	吐き気、精神症状、睡眠障害	本来はパーキンソン病の治療薬であるが、類縁疾患であるレビー小体型認知症で身体の動きが悪い場合に用いられることがある
抗精神病薬	リスペリドン	抗精神病作用、抗不安作用、抗うつ作用	運動障害、高血糖、脱力など	精神病症状に迅速かつ効果的に作用
抗精神病薬	アリピプラゾール	抗精神病作用、双極性障害、うつ病の治療	不眠、頭痛、吐き気、倦怠感など	不安、抑うつ、不眠に効果あり
抗精神病薬	オランザピン	抗精神病作用、気分安定作用	体重増加、血糖値上昇、運動機能低下など	抑うつや不安、身体症状に効果
抗精神病薬	クエチアピン	抗精神病作用、不眠症の治療	眠気、めまい、便秘、口の渇きなど	不眠症状に効果あり
抗うつ薬	サインバルタ（デュロキセチン）	うつ病、神経痛の改善	頭痛、吐き気、便秘など	痛みを和らげる効果がある
抗うつ薬	リフレックス／レメロン（ミルタザピン）	うつ病、不眠症の改善	眠気、頭痛、食欲増加など	睡眠の質が改善される
抗うつ薬	デジレル／レスリン（トラゾドン）	うつ病、不眠症の改善	頭痛、吐き気、眠気など	睡眠の質が改善される
漢方	抑肝散	緊張やイライラの緩和	低カリウム血症による脱力	精神的なストレスやイライラを緩和する場合に効果があるとされている
睡眠や不安に関する薬	ルネスタ（エスゾピクロン）	催眠作用	ふらつき、記憶障害、異常行動	寝つきの改善だけでなく、睡眠の質を向上させる効果がある
睡眠や不安に関する薬	ロゼレム（ラメルテオン）	催眠作用	頭痛、めまい、口の渇き	翌日の機能回復に適しており、依存性が低いため長期使用に適している
睡眠や不安に関する薬	デエビゴ（レンボレキサント）	催眠作用	頭痛、めまい、口の渇き	睡眠の質を向上させ、翌日の機能回復に適している。依存性が低い
睡眠や不安に関する薬	ベルソムラ（スボレキサント）	催眠作用	頭痛、めまい、口の渇き	睡眠の質を向上させ、中途覚醒を減らす効果がある。依存性が低い

第1章　認知症の原因　疾患と症状
第2章　認知症の診察・検査・診断・治療
第3章　認知症の人を支える人たち
第4章　認知症の人を支える制度・サービス
第5章　認知症の人の生活課題と解決策
第6章　制度・サービスの活用事例
第7章　キーワードで学ぶこれからの認知症ケア

06

非薬物療法
（薬剤以外のアプローチ）

非薬物療法とは

　高齢の認知症の人は、多くの併存疾患を抱えていたり、一人暮らしなどで薬の服用がうまくできない場合があります。また、多剤併用による副作用の心配もあります。そういった理由から、**非薬物療法は、薬物療法とともに重要な役割を果たしています**。個別に設定された在宅運動療法や認知リハビリテーション、在宅での活動向上のための職業訓練が、機能低下を抑制する効果があるという報告もでてきました。

　人と交流したり会話することは、認知症の人が望む人生をサポートするために重要とされています。失語などがあっても、非言語コミュニケーションを活用することができます。運動やストレッチなどの**身体活動**は、心身の健康維持に欠かせません。音楽や絵画、彫刻、陶芸などの**芸術活動**は、認知症の人が新たに自己表現する方法になり得ます。ペットと触れ合うことは、自然にリラックスできる環境を提供します。趣味や園芸など、好みに合わせた活動も楽しむことができます。

　また、**回想法**は、過去の体験や出来事を思い出し、記憶の刺激を促します。写真、音楽、映画、ビデオなどのメディアを使い、認知症の人が自分や生活について語ってもらいます。

環境も重要な要素

　認知症の人にとって、日常を過ごす環境はとても重要です。自宅がもっとも望ましい生活の場ですが施設入所でも、心理的安全性が守られ、快適に生活できるように配慮されていること、認知症ケアのスキルを持った介護者がいることが求められます。また、物理的環境も重要で、トイレの場所が識別しやすいか、ちらつきのない照明か、音の大きさや温度・湿度が適切か、外気の循環がスムーズかなども影響します。

コミュニケーションと対話

認知症の人との対話のなかで興味や価値観を理解し、その人の能力を最大限に引き出すことができる

自宅、近所、認知症カフェなど、デイサービス、ショートステイ、小規模多機能型居宅介護など

身体活動

運動やストレッチングなどの身体活動を提供することで、健康的なライフスタイルを維持できるようにする

地域の運動自主グループ、認知症カフェ、デイサービス、訪問リハビリ、各入所施設など

芸術への挑戦

音楽、絵画、彫刻、陶芸などの形式で自己表現を促す

コミュニティセンター、認知症カフェ、訪問リハビリ、デイサービス、各入所施設等

ペットとの交流

犬や猫などの動物との触れ合いは、認知症の人が自然な状態でリラックスし、ストレスを軽減することができる

自宅、セラピードッグのいる施設

認知機能へのはたらきかけ

さまざまな形式の記憶の刺激を提供することで、過去の体験や出来事を思い出し、自分自身を再発見することができる

認知刺激療法や回想法を行っているデイサービスや施設

環境の改善

鮮やかな色や大きな印刷物、安定した照明や音量調整の機能がある音響機器、適切な室温や空調などを提供し、認知症の人が快適に生活できるようにする

自宅、各通所、入所施設

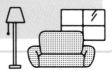

第1章 認知症の原因 疾患と症状

第2章 認知症の診察〈検査〉・診断・治療

第3章 認知症の人を支える人たち

第4章 認知症の人を支える制度・サービス

第5章 認知症の人の生活課題と解決策

第6章 制度・サービスの活用事例

第7章 キーワードで学ぶ これからの認知症ケア

07

認知症の人が合併 しやすい病気・症状

生活習慣病や身体疾患

　認知症の人の健康状態を維持するためには、適切な医療・介護サービスや予防策を提供することが必要です。認知症の人は自己管理が難しくなるため、糖尿病や高血圧などの生活習慣病が悪化しやすくなります。また、高齢化に伴って機能低下が進み、心臓に負担がかかるため心不全のリスクが高まります。さらに、嚥下の調節が難しくなり、誤って食べ物や飲み物が気管に入ってしまい、誤嚥性肺炎を引き起こすことがあります。

　嚥下障害や口腔機能の低下、サプリメント・薬の服用などから食欲不振に陥ることもあります。そのほか、排尿機能が低下して、頻尿や尿漏れ、尿失禁などがみられることがあります。

精神系の疾患

　認知症の人は社交性が低下するので、孤独感や無力感を感じやすくなる傾向があり、**うつ病や不安障害を発症しやすくなります**。また、睡眠中に頻繁に目が覚めたり、夜間に活動的になったりするため、睡眠障害を抱える人も多くいます。

外傷・骨の病気

　運動不足や姿勢の悪さにより歩行やバランスを保つことが難しくなり、骨折や転倒しやすくなります。また、**変形性関節症**を発症して、歩行困難や痛みなどの症状が現れることがあります。ベッド上での生活が長くなると、褥瘡などの皮膚疾患も起こります。

症状／病気	説明
高血圧・糖尿病	高血圧・糖尿病は血管性認知症の原因となる（ほかの認知症でも合併する）。薬物治療、訪問看護が有効
骨折	歩行が不安定になり、転倒して骨折するリスクが高い。家の中を安全にする工夫や運動で筋力を維持することが重要
うつ病	認知症の人によくみられる。認知症との鑑別が難しいため、専門医を受診することが望ましい
睡眠障害	夜間に目が覚めることがある。生活習慣を整えることで睡眠の質を改善することができる
心不全	高齢化に伴い機能低下が進むことがあり、心不全を引き起こす場合がある
誤嚥性肺炎	嚥下障害により誤って食べ物や飲み物が気管に入り、肺炎を引き起こすことがある
排便異常・排尿異常	排便や排尿の異常は、認知症の症状や併存症として出現することがある
悪性腫瘍	認知症の人でも悪性腫瘍にかかるリスクがあり、がんの症状とともに認知機能の低下が進行する場合がある
変形性関節症	運動不足や姿勢の悪さなどにより発症し、歩行困難や痛みなどの症状が現れる
易疲労性	脳の疾患により疲れやすくなる。運動不足や栄養不足も原因となることがある
食欲不振	好き嫌いや嚥下障害、口腔内のトラブルが原因となり、食欲不振を引き起こすことがある

第1章 認知症の原因疾患と症状

第2章 認知症の診察（検査・診断）・治療

第3章 認知症の人を支える人たち

第4章 認知症の人を支える制度・サービス

第5章 認知症の人の生活課題と解決策

第6章 制度・サービスの活用事例

第7章 キーワードで学ぶこれからの認知症ケア

08

認知症の人の
在宅医療

　認知症は環境の変化に適応しづらくなる病気です。認知症の人の在宅医療では、これ
までの生活を維持し、家族や周囲の人への病気の理解を高め、適切な医療とケアを受け
られるようにします。自宅から出ることが困難でも訪問診療や訪問看護、訪問リハビリ
テーションなどの自宅で受けられるサービスを活用して生活を支え、**認知症の人がこれ
までと同じように自宅で安心して暮らせる環境を整えることが可能**です。

▶ 本人のこれまでの生活を支える在宅医療体制をつくる

　本人が通院を拒んだり、病院で長時間待つことができない、あるいは道に迷うことが
増えて通院が困難になったり、変形性関節症などの整形外科疾患や内部障害で通院でき
ないといった場合は、訪問診療の適応となることがあります。

　訪問診療は、月に1～2回、定期的に医師が自宅を訪問して、診療や体調管理、健康
相談、服薬管理などを行う医療サービスです。多くの訪問診療医は内科のトレーニング
を受けており、合併症の治療も行います。訪問診療には、訪問看護や訪問リハビリテー
ションもよく併用され、医師の指示のもと健康面・生活面の評価やリハビリテーション
を個別に受けられます。さらに、**居宅療養管理指導**も行っているので、自宅で生活指導
が受けられます。通院できていない場合は、早めに主治医に相談しましょう。

　認知症の人は、入院が必要な場合に受け入れ自体を断られることがあります。訪問診
療や訪問看護では、24時間体制のサポートを受けられることが多く、急な体調変化に
対応しやすくなります。また、在宅支援体制が整っているため、救急病院の受け入れも
スムーズになります。

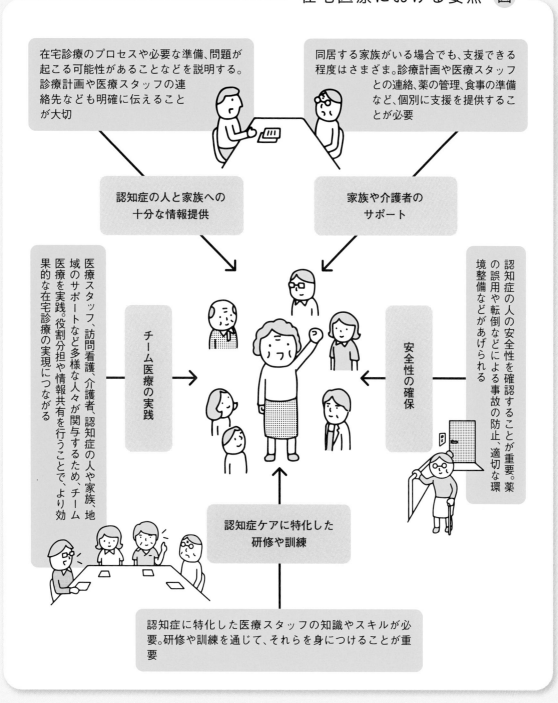

在宅診療のプロセスや必要な準備、問題が起こる可能性があることなどを説明する。診療計画や医療スタッフの連絡先なども明確に伝えることが大切

同居する家族がいる場合でも、支援できる程度はさまざま。診療計画や医療スタッフとの連絡、薬の管理、食事の準備など、個別に支援を提供することが必要

認知症の人と家族への十分な情報提供

家族や介護者のサポート

医療スタッフ、訪問看護、介護者、認知症の人や家族、地域のサポートなど多様な人々が関与するため、チーム医療を実践。役割分担や情報共有を行うことで、より効果的な在宅診療の実現につながる

チーム医療の実践

認知症の人の安全性を確認することが重要。薬の誤用や転倒などによる事故の防止、適切な環境整備などがあげられる

安全性の確保

認知症ケアに特化した研修や訓練

認知症に特化した医療スタッフの知識やスキルが必要。研修や訓練を通じて、それらを身につけることが重要

第1章　認知症の原因　疾患と症状

第2章　認知症の診察・検査・診断・治療

第3章　認知症の人を支える人たち

第4章　認知症の人を支える制度・サービス

第5章　認知症の人の生活課題と解決策

第6章　制度・サービスの活用事例

第7章　キーワードで学ぶこれからの認知症ケア

第2章参考文献

- 早期アルツハイマー型認知症に対するレカネマブ
  Christopher H. van Dyck, et al.: N Engl J Med 2023; 388:
  9-21
- 認知症の非薬物療法について
  Scott I, et al.: Int J Geriatric Psychiatry 2019; 34: 1386-1402
- 日本神経学会監、「認知症疾患診療ガイドライン」作成委員会編『認知症疾患診療ガイドライン2017』医学書院、2017年
- 石原哲郎『なぜ認知症のある人とうまくかかわれないのか？』中央法規、2020年

認知症の人を
支える人たち

01

多くの人がかかわる
認知症の診断後支援

診断後の生活

　認知症の診断を受けた人やその家族は、ともすると孤立しがちで、生活上の不便を感じても、どこに相談すればよいかわからないことがあります。**地域資源を知り、一人ひとりに合った介護サービスを受けることで、認知症とともに生活を継続することが可能**となります。

　認知症の診断後、多くの人はかかりつけ医に通院します。症状が重い場合や特殊な治療が必要な場合、希少疾患は専門病院で治療を継続します。通院できない場合は、訪問診療を検討します。診断後の支援については、居住地の**地域包括支援センター**に行き、地域資源を教えてもらったり、必要な場合は介護保険の手続きを相談します。申請を代行してもらうことも可能です。地域包括支援センターは、地域の民生委員や自治会長などとも連絡を取り合っているので、地域での生活継続について相談するとよいでしょう。

地域資源や介護保険サービスの活用

　地域資源には、自治体や民間、非営利組織によるサービスがあります。たとえば、認知症の人や家族が症状をオープンにして過ごしたり、ほかの認知症の人の話を聞いたりすることができる認知症カフェなどです。

　介護保険サービスは多岐にわたるため、地域包括支援センターやケアマネジャーに相談してサービスを選びます。まず、本人がこれまでの生活を維持するために訪問介護や訪問看護の必要性を検討し、さらに必要性に応じて介護予防や家族のレスパイトのために通所サービスや施設サービスを検討します。

認知症の相談場所や認知症の人や家族のパートナーとなりうる人々 　図

相談する場所

・地域包括支援センター
・行政（役所）
・居宅介護支援事業所
・病院の医療相談室

認知症と診断されたら、なるべく早く相談して、介護保険制度や地域資源について情報を得る

主に医療にかかわる人々

・主治医（かかりつけ医）
・認知症サポート医
・認知症専門医
・看護師・訪問看護師
・理学療法士（PT）
・作業療法士（OT）
・言語聴覚士（ST）
・臨床心理士（CPP、CP）
・薬剤師　・歯科医師　・歯科衛生士
・管理栄養士

病状について知ること、治療を受けること、生活上の困難へのアドバイスを受けること、医療従事者が訪問する場合でも介護保険を利用することもある。受けるには医師（歯科医師）に指示書を発行してもらう

主に介護・福祉にかかわる人々

・訪問介護員（ホームヘルパー）
・介護福祉士
・ケアマネジャー（介護支援専門員、CM）
・福祉用具専門相談員
・社会福祉士（ソーシャルワーカー、SW）
・精神保健福祉士（PSW）
・医療ソーシャルワーカー（MSW）
（サービス提供責任者は役職）

生活の支援を自宅で受けたり、施設で介護予防をする。家族の支援も行う。居住場所の提供を行っている入所施設でも支援を受けられる

地域の協力者

・近所の人　　　・認知症サポーター
・町内会役員　　・民生委員
・ボランティア　・弁護士
・司法書士　　　・行政書士
・警察官　　　　・消防士

公的なサービスだけではなく、ボランティアの活用も地域で生活するうえでは大切になる

02

地域包括支援センター、行政

地域包括支援センター

地域包括支援センターは、高齢者やその家族の生活相談窓口です。**保健師**（看護師）、**社会福祉士**、**主任ケアマネジャー**（主任介護支援専門員）が必要な支援やサービスを提供します。相談は無料で、電話や窓口、訪問にも対応します。

主な業務としては、**介護や福祉に関する相談・助言・指導、介護予防に関するマネジメント、行政や制度と利用者の橋渡し、関係機関との連絡・調整**などを行います。また、**医療機関や福祉施設、行政機関と連携して、高齢者の権利擁護や虐待への対応**も行います。

具体的な利用シーンとしては、「要介護認定を受けたい」「介護予防サービスを利用したい」「一人暮らしで不安なことがある」などの高齢者の相談や、「離れて暮らす親が心配」といった家族の相談に対応しています。何かあれば、まずここに相談しましょう。

行政（役所）

行政（役所）には、高齢者や認知症に関する部署があります。たとえば、仙台市では高齢者支援係で高齢者の保健福祉に関する業務や総合相談を行い、一人暮らしの高齢者支援や敬老行事、高齢者福祉施設への入所や高齢者虐待対応も行います。障害者支援係では、自立支援医療や精神障害者福祉手帳等の手続きを行います。地域支援係は、高齢者・障害者の保健福祉や介護予防に関する業務を行い、地域包括支援センターの統括も担当しています。認知症の人の支援や訪問指導、虐待対応なども行います。

第1章　認知症の原因　疾患と症状

第2章　認知症の診察（検査）・診断・治療

第3章　認知症の人を支える人たち

第4章　認知症の人を支える　制度・サービス

第5章　認知症の人の　生活課題と解決策

第6章　制度・サービスの　活用事例

第7章　キーワードで学ぶ　これからの認知症ケア

地域包括支援センターの4つの業務

介護予防ケアマネジメント業務

要介護にならないように介護予防支援を行う。
介護保険の申請に関する相談にも応じる

総合相談支援業務

支援を必要とする高齢者に対して、
必要なサービスや制度を紹介する。
初期相談のみならず、専門的・継続的な相談支援を行う

権利擁護業務

成年後見制度活用のサポートや
高齢者の財産を守ったり、虐待防止への取り組みを行う

包括的・継続的ケアマネジメント支援業務

地域のケアマネジャー後方支援や、
さまざまな機関や人と連携して地域づくりを行う

地域包括支援センターと地域連携

認知症の人、家族

支援　　相談

医療サービス　　連携　　行政機関

介護サービス　　保健所

ボランティア　　児童相談所

保健師　社会福祉士　主任ケアマネジャー

地域包括支援センター

連携　　連携

NPO法人　　社会福祉協議会

03

地域の人々

地域の人々は心強い支援者

　認知症と診断された人々も、地域で生活する住民です。いったん発達した認知機能が障害され、生活に支障が出てきたときに、認知症と診断されます。地域の人々は、その人の一番近くにずっといた人々です。

　民生委員は、地域の福祉に関心と熱意がある人が、厚生労働大臣より委嘱され、ボランティアで地域の人々の福祉をサポートする役割を担っています。その仕事は、地域の人々の悩みや問題を聞いて助言をしたり、福祉サービスの使い方を教えたりすることです。任期は3年で再任もできます。

　近所の人のなかには、関係性のよい人も悪い人もいるでしょう。認知症に関する思いも人それぞれですが、助けてくれる人も多くいます。**困ったときはお互いさまと考え、よりよい関係性を維持していくことが重要です。**

　地域包括支援センターなどの関係機関のバックアップで、市民向けに認知症の理解を深める**「認知症サポーター養成講座」**が開催されています。講座を受講した認知症サポーターは、令和5年3月現在で1,400万人以上います。認知症サポーターは、街中で困っている人がいたら見守りや手助けをしてくれます。地域でチームをつくって認知症の人を積極的にサポートする取り組みもあります（チームオレンジ）。

ボランティアの力も借りる

　地域には無償あるいは低額で支援を行う有償ボランティアの方がいます。個別、あるいは市民活動団体を立ち上げて、グループで活動している方もいます。介護保険でカバーできない生活に必要なサービスや傾聴なども行っています。

地域の人と認知症の人とのかかわり 図

	期待される役割・特徴
認知症の人	地域で生活する認知症当事者。同じ症状を理解しあえる仲間になれる可能性がある
民生委員	厚生労働大臣から委嘱された非常勤の地方公務員。地域の福祉に関心と熱意があり、ボランティアで地域住民の福祉をサポート。悩みや問題を聞き、助言をしたり、福祉サービスの使い方を教える役割を担っている
近所の人	人生の多くを共に過ごしてきた人、新しく隣人となった人がいる。手助けしてくれる人も多い。困ったときはお互いさまという考えで良好な関係性を維持することが重要
認知症サポーター	地域包括支援センターなどで開催される認知症サポーター養成講座を受講し、地域で認知症の人を見守り、手助けする役割を担う。職場や学校、公共機関で講座が行われる。地域でチームをつくって積極的にサポートする人もいる（チームオレンジ）
ボランティア・有償ボランティア	支援を無償あるいは低額で行う。個別に活動している人もいれば、市民活動団体を立ち上げてグループで活動している人もいる。介護保険でカバーできない、生活に必要なサービスや傾聴なども行っている
消防士・警察官	地域での安全確保や緊急時の対応を担う。認知症の人が道に迷ったり、事故に巻き込まれるリスクを減らすための取り組みや、緊急時に対応する役割を果たす 

第1章 認知症の原因 疾患と症状

第2章 認知症の診察（検査）・診断・治療

第3章 認知症の人を支える人たち

第4章 認知症の人を支える制度・サービス

第5章 認知症の人の生活課題と解決策

第6章 制度・サービスの活用事例

第7章 キーワードで学ぶ これからの認知症ケア

04

医師

認知症の治療や診断にかかわる医師

　認知症にかかわる医師は主にかかりつけ医、認知症サポート医、認知症専門医です。これらの医師は、地域の診療所、専門クリニック、認知症疾患医療センターなどで認知症の人の診察を行います。

　認知症の兆しが現れた場合、まず本人の健康状態を把握しているかかりつけ医に相談します。かかりつけ医は初期の診断や評価を行い、専門的なケアが必要な場合、認知症サポート医や認知症専門医に紹介し、連携します。かかりつけ医は診断後も継続して治療に多く携わります。

　認知症サポート医は、かかりつけ医とともに地域の認知症の人に対して積極的にかかわり、本人や家族のサポートを行います。彼らは認知症に関する情報や経験を活用し、関係機関や専門家と連携して適切な治療やケアを提供します。

　認知症専門医は、認知症診療の経験が豊富で学会で認定された医師です。彼らは、認知症専門の診療所や総合病院、認知症疾患医療センターで診療しています。認知症専門医は、継続的な研修を受けながら、地域医療にも貢献します。

訪問診療も活用する

　訪問診療医は、認知機能低下の状況により、自分の状態を理解することが困難な方、または診察を希望しない方に対して、家族の要望により自宅を訪れて診療することができます。**訪問診療**を通じて、本人の病状や生活状況を把握し、適切なケアや治療が提供されるよう協力します。病状に懸念がある場合は、訪問診療医が総合病院へ紹介することもあります。

認知症の人にかかわる医師と診療科 図

認知症の人とかかわる医師の分類

医師	主な役割	
かかりつけ医	認知症の初期診断を行い、必要に応じて認知症サポート医や認知症専門医を紹介する。認知症サポート医や認知症専門医の診断をもとに治療を継続する	
認知症サポート医	かかりつけ医から紹介を受けて診断や治療を行う。地域包括支援センターなどと連携して、地域に住む認知症の人に関する相談を受ける。認知症の人や家族へのサポートやアドバイスを提供する	
認知症専門医	関係学会で認知症の専門的な診療技術が認められている医師。かかりつけ医や認知症サポート医からの紹介により、診断や治療を行う。かかりつけ医ではできない治療も実施する。主な関係学会に日本認知症学会、日本老年精神医学会がある	

認知症の診断を行っている主な診療科の目安

診療	特徴	
脳神経内科	脳神経系を専門とする内科医で認知症全般を診察する。アルツハイマー型認知症や他の運動機能の低下、脳梗塞などを合併したり、レビー小体型認知症のような自律神経症状を合併した人が多い	
精神科	うつ症状や妄想など、精神症状のケアが必要な認知症の人やアルコール依存症を伴う人が多く通院している	
老年科	高齢者医療を専門とする診療科。認知症のほかに心不全や慢性腎臓病などの慢性疾患を持つ人が多く通院している	
脳外科	外傷(慢性硬膜下血腫など)や脳疾患(脳腫瘍、正常圧水頭症など)の術後の人など、脳に関する病気を治療する人が通院している	

注:上記の診療科であっても認知症を専門とする医師とそうでない医師がいるため、受診前にあらかじめ問い合わせるとよい

第1章 認知症の原因 疾患と症状
第2章 認知症の診察(検査・診断)・治療
第3章 認知症の人を支える人たち
第4章 認知症の人を支える制度・サービス
第5章 認知症の人の生活課題と解決策
第6章 制度・サービスの活用事例
第7章 キーワードで学ぶこれからの認知症ケア

05

看護師

　医療機関には、問診をしたり、医師や検査の補助を行う看護師や、認知症を専門とする看護師がいます。

医療機関外来の看護師の役割

　医療機関外来の看護師は、認知症の人や家族との問診、医師の診察補助、採血、心電図などを行います。かかりつけの医療機関の看護師であれば、長年の付き合いがあるからこそ、認知症の早期発見につながることもあり、家族の相談にものってくれます。

ますます重要視される訪問看護師

　訪問看護師は医師の指示に基づき認知症の人の自宅を訪問し、症状に応じたケアを提供します。身体症状の観察に加え、食事、排泄の状況などを含めた評価を行います。さらに、実際の生活面の評価から、着替え、入浴の支援、褥瘡ケアなども行います。また、家族が介護するうえでの疑問点を気軽に相談できる頼もしい相談相手でもあります。場合によっては認知症の初期から、看取りに至るまで**訪問看護**を利用される方もいます。

　訪問看護を利用するには、まず主治医に相談して訪問看護ステーションを紹介してもらい、「訪問看護指示書」を発行してもらいます。通常、認知症の場合は介護保険で訪問看護を利用しますので、ケアマネジャーと相談をして、曜日や時間などを決めます。傷の処置や点滴などの医療処置が必要なときや症状が重く、主治医が「特別訪問看護指示書」を発行した場合は、医療保険を用いて14日間、週４日以上の訪問看護を利用することが可能です。疾患や医療機関によっては、「精神科訪問看護指示書」を発行する場合もあります。詳しくは主治医にご相談ください。

第1章　認知症の原因疾患と症状

第2章　認知症の診察（検査）・診断・治療

第3章　認知症の人を支える人たち

第4章　認知症の人を支える制度・サービス

第5章　認知症の人の生活課題と解決策

第6章　制度・サービスの活用事例

第7章　キーワードで学ぶこれからの認知症ケア

看護師による認知症の人への支援 図

看護師の役割

役割	内容
健康状態の維持の支援	血圧や呼吸回数などの身体状況の観察や、食事量、排泄の状況などもチェックする
ADL（日常生活動作）の維持・向上	リハビリテーションや運動療法などの支援を行う
コミュニケーションの支援	認知症の人の理解度に合わせて、わかりやすくコミュニケーションをとる
精神的サポート	認知症の人の不安や悩みに寄り添い、サポートする
家族のサポート	認知症の人の介護を行う家族の疑問を受容し、答えるなど、心理的支援を行う
医療処置	医師の指示に基づいて、在宅で療養する認知症の人の健康管理を行う
終末期のケア	医師の指示に基づいて、摘便や浣腸、導尿、点滴、褥瘡の処置などを行う

訪問看護の利用の流れ

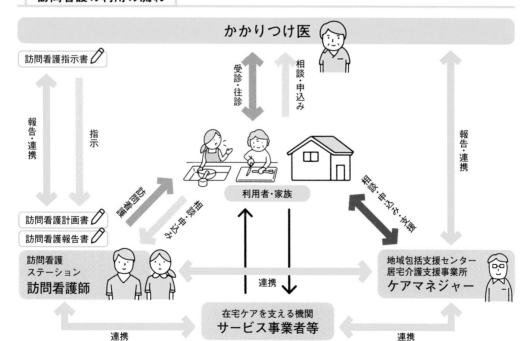

06

薬剤師

薬剤師は薬について相談できる身近な存在です。ここでは、主に在宅生活にかかわる薬剤師の役割について説明します。

保険調剤薬局の薬剤師

保険調剤薬局の薬剤師は、処方箋に基づいて調剤します。具体的には、薬の**副作用や薬物相互作用に関する評価と提案、薬の正しい使用方法や注意点の説明、情報提供**を行います。さらに服薬が困難である場合は、複数医療機関・複数科にまたがった処方薬をまとめたり、1日の服薬回数を減らす提案なども行います。

訪問薬剤管理指導

訪問薬剤管理指導は、**一人で通院できない人や服薬が困難になっている人に対して、医師の指示のもと薬剤師が訪問できるしくみ**です。認知症の人の自宅での服薬管理を支援するため、個人の特性に合わせて服薬カレンダーの準備や薬の一包化、音声や画像を用いたリマインダー機能をもつ薬箱の提案、残薬の確認・回収、薬剤の整理整頓などを行います。さらに、認知症の人の特性を考慮した服薬サポートや家族への薬に関するアドバイス、認知症の人とその家族の生活の質向上に努めます。

また、薬剤師は医療チームと連携し、介護職員やケアマネジャーと協力して、認知症の人の状況やニーズに応じた支援を行います。

薬剤師による認知症の人への支援　図

薬剤師の主な役割

認知症の人が使用する薬の説明と指導を行い、適切な使用を促す

認知症の人の服薬がうまくいくような工夫を行う

薬物療法による副作用や相互作用を防ぐために、認知症の人を観察する

薬剤間の相互作用や不適切な薬物療法を検出し、医師に報告する

認知症の症状を軽減するための薬物療法についての教育とアドバイスを提供する

認知症の人の薬物アレルギーや薬物反応の履歴を把握し、適切な薬物選択をサポートする

認知症の人や担当介護職員への薬物療法の指導を行う

服薬の工夫例

- 薬物療法の目的と重要性を認知症の人に明確に伝える
- わかりやすい言葉で伝え、必要であれば視覚的なガイドやリマインダーを使用する
- 日めくりカレンダーのように1日の服薬が確認できるようにする(写真)
- 服薬支援機器を使う
- 薬の副作用などの症状を認識する方法を簡単に教える
- 介護保険の居宅療養管理指導として毎週訪問し、服薬状況を確認して、調整する
- 服薬回数を1日1回などに減らす。1週間に1度など長時間作動薬の処方を主治医に提案する
- 介護職員や家族を服薬プロセスに巻き込み、支援を提供する

第1章 認知症の原因 疾患と症状
第2章 認知症の診察(検査)・診断・治療
第3章 認知症の人を支える人たち
第4章 認知症の人を支える制度・サービス
第5章 認知症の人の生活課題と解決策
第6章 制度・サービスの活用事例
第7章 キーワードで学ぶ これからの認知症ケア

07 リハビリテーション職

リハビリテーション職とは

リハビリテーションを担う専門職には、**作業療法士（OT）、理学療法士（PT）、言語聴覚士（ST）、心理士（公認心理師（CPP）、臨床心理士（CP））** がいます。

OT は認知症の人へ認知機能や上肢機能のリハビリのほか、食事や排泄等室内の生活動作、趣味活動、社会参加等に向けた訓練を提供します。また、個人特性に応じた身の回りの工夫、周囲の人に本人とのかかわり方や生活環境の助言も行います。

PT は移動動作への助言、下肢の身体機能の維持・向上を通じて、日常生活の自立支援を促します。ST はコミュニケーション能力や嚥下機能の評価や維持・改善を支援します。CPP や CP は心理面接を行い、行動を観察して、認知機能検査（神経心理検査）を行います。その評価を認知症の診断にも役立てます。

高まるリハビリテーションの重要性

一般的には、通所サービスや入所施設などで、OT や PT、ST が介護予防、身体機能維持の訓練を行っています。個別性を重視して個別のプログラムを作成してリハビリを行う施設も増えてきています。

医師の訪問看護指示書にリハビリテーションの指示があれば、訪問リハビリテーションが利用できます。 訪問リハビリテーションでは、自宅でアドバイスを受けることができます。生活の不自由さに対する支援や、自宅の段差や移動の困難さを改善する際、個別の支援は有効です。特に OT は、個別の服薬管理の方法やメモリーノートの作成方法なども指導してくれます。認知症の症状は変化することも多いため、定期的に評価をしてもらえることもポイントです。

リハビリテーション職による認知症の人への支援 図

リハビリテーション職の認知症の人への役割とサービスの一例

職種	業務内容	サービスを受けられる場所
作業療法士（OT）	精神面と認知機能、上肢の機能についての専門的なリハビリテーション。調理を含む日常生活機能の維持の向上	病院、診療所、訪問看護ステーション、通所・入所施設など
理学療法士（PT）	身体機能の維持・向上や運動能力の改善を通じた日常生活の自立支援。歩行を含めた運動機能の障害に対する評価とリハビリテーション	病院、診療所、訪問看護ステーション、通所・入所施設など
言語聴覚士（ST）	コミュニケーション能力や嚥下機能の維持・改善を支援。認知症の人の言語理解、言語能力の評価とリハビリ。嚥下障害のリハビリテーション	病院、診療所、訪問看護ステーション、通所・入所施設など
心理士（CPP、CP）	心理面接、行動観察、認知機能検査、認知機能訓練、カウンセリングの実施	病院、診療所など

訪問リハビリテーションを受けるまでの手続き

指示書は同じ

病院（診療所）での認知症の診断

→

要介護認定なし　医療保険

要介護認定あり　介護保険

→

医師からリハビリテーションの指示を「訪問看護指示書」にもらう

→

自宅でリハビリテーションを受ける

注：医療機関によって、精神科訪問看護指示書による訪問看護（医療保険）となる場合もあります。

第1章 認知症の原因 疾患と症状
第2章 認知症の診察（検査）・診断・治療
第3章 認知症の人を支える人たち
第4章 認知症の人を支える制度・サービス
第5章 認知症の人の生活課題と解決策
第6章 制度・サービスの活用事例
第7章 キーワードで学ぶ これからの認知症ケア

08

認知症初期
集中支援チーム

▐ 認知症初期集中支援チームとは

このチームの目的は、認知症の人やその家族に早い段階からサポートを提供し、危機回避と自立した生活を助けることです。

40歳以上で在宅生活を送る認知症の人、または認知症の疑いのある人が対象です。特に医療や介護を受けていない人や、医療は受けているけれど認知症の症状への対応に困っている人が重点的に支援されます。

チームは市町村に設置され、地域包括支援センター、訪問看護ステーション、診療所などと連携して活動します。チームのメンバーは、医療や福祉の資格を持ち、認知症ケアや在宅ケアの経験が3年以上ある人です。認知症専門医もサポートに加わります。

▐ 訪問の実際

居宅への訪問は、少なくとも2人のチーム員で行います。初回の訪問では、信頼関係を築くことが最も重要です。対象者の情報はチーム員で共有します。評価は、対象者や家族の状況、病歴、生活状況などを含む情報に基づいて行われます。初回の訪問で対象者にチームの役割を理解してもらい、認知症に関する情報を提供して、医療や介護サービスの利点を説明します。

チーム員会議では、アセスメント内容をチェックし、支援計画を立てます。この支援計画では、**初期集中支援の期間は最長で6か月を目指し、その後は地域包括支援センターに引き継がれます。**チームは対象者の状況をモニタリングし、適切なサービスが提供されているかを確認します。もし、継続的な支援がうまくいっていない場合にはケアマネジャーに報告し、アドバイスを行います。

認知症初期集中支援チームの要件等　図

設備要件	24時間365日、対象者や家族が緊急時に連絡できる施設を確保する 

人員配置要件	地域の実情に応じて設定し、以下の3項目を満たす専門職で編成される 　1.医療福祉に関する国家資格をもつ者 　2.認知症ケア実務経験3年以上または在宅ケア実務経験3年以上を有する者 　3.必要な研修を受講し、試験に合格した者

認知症専門医	認知症に関する専門的見識からアドバイスが可能な専門医を確保する

活動体制	・2名以上のチーム員で訪問する(医療系職員と介護系職員各1名以上) ・必要に応じて認知症専門医が訪問する ・チーム員(研修を受けた医師含む)と地域包括支援センター職員が参加する会議を開催する。その他関係者も必要に応じて参加することができる

初回訪問	2〜3名のチームで訪問することが望ましい 訪問所要時間はおおむね2時間以内、状況に応じて延長も可能 (認知症の人の疲労度や複数回の訪問の効果を考慮する)

第1章 認知症の原因 疾患と症状

第2章 認知症の診察(検査)・診断・治療

第3章 認知症の人を支える人たち

第4章 認知症の人を支える制度・サービス

第5章 認知症の人の生活課題と解決策

第6章 制度・サービスの活用事例

第7章 キーワードで学ぶこれからの認知症ケア

09

ケアマネジャー
（介護支援専門員）

▶ ケアマネジャーとは

　ケアマネジャー（介護支援専門員（CM））は、要介護や要支援の状態にある認知症の人とその家族にとってカギとなる人です。認知症の人が自立した日常生活を送るために必要な援助を提供し、適切な介護サービスの提案や計画（**ケアプラン**：介護サービス計画）を作成します。さらに、行政やサービス提供者とも連携します。

▶ ケアマネジャーの支援を受けるには

　ケアマネジャーの支援を受けるには、**介護保険を申請し、要介護認定を受けることが必要**です。非該当（事業対象者）と要支援１・２の場合は地域包括支援センターが相談窓口となります。

　要介護認定を受けると、本人や家族が地域の**居宅介護支援事業所**のリストから担当ケアマネジャーを選ぶことになりますが、ほかの家族の担当者や、地域包括支援センターのアドバイス、知り合いからの紹介で選ぶこともよくあります。特別養護老人ホームや介護老人保健施設、小規模多機能型居宅介護の利用時は、施設や事務所のケアマネジャーが担当します。

　担当のケアマネジャーが決まると、ケアマネジャーは、認知症の人の状況や生活全般をみて、困りごとや支障（生活の中の課題）について詳しく聞きます。また、主治医や現在つながりのある事業所、地域包括支援センターからも情報を得て、ケアプランを作成します。ケアプランは、認知症の人の自立した生活を維持するための計画で利用者の状態や要望に応じて何度も見直され、最適なサポートが提供されるように一人ひとりに合わせて作成されます。なお、ケアマネジャーは相性が大切で、変更も可能です。

第
1
章
認知症の原因
疾患と症状

第
2
章
認知症の診断（検査）・
診断・治療

第
3
章
認知症の人を
支える人たち

第
4
章
認知症の人を支える
制度・サービス

第
5
章
認知症の人の
生活課題と解決策

第
6
章
制度・サービスの
活用事例

第
7
章
キーワードで学ぶ
これからの認知症ケア

ケアマネジャーの主な業務　図

業務	内容
ケアプラン作成	利用者の生活課題と希望を把握し、適切なサービスを提供するための計画（ケアプラン）を作成する
サービス調整	ケアプランに基づき、介護サービスを提供する事業者と連携し、サービスの調整や連絡を行う
利用者の状況把握	定期的に利用者の状況を把握し、必要に応じてケアプランを見直す
サービス利用の支援	介護保険制度や福祉サービスを利用する際の手続きや、費用負担に関する説明・支援を行う
家族や医療機関を含む関係者との連携	利用者の家族や医療機関などの関係者と連携し、利用者の状況やニーズに応じたサポートを提供する
モニタリング	ケアプランの進捗状況やサービス提供の質を評価し、問題があれば改善策を検討する
継続的な支援	利用者の状況が変化した際に柔軟に対応し、継続的な支援を提供する
入所施設の情報提供	施設を入所希望されたときに必要な情報を提供する

COLUMN

主任ケアマネジャー（主任介護支援専門員）とは

　主任ケアマネジャーは、ケアマネジャーのなかで、一定以上の経験と知識を有する者を認定する資格です。ケアマネジャーへの指導や助言を行うほか、地域における介護サービスの計画や調整を行うなど、幅広い業務を担っています。地域包括支援センターには、一人以上の主任ケアマネジャーがいます。

10

ソーシャルワーカー

ソーシャルワーカーとは

認知症と診断されると、病院の医療相談室が紹介されます。そこには、相談員として**社会福祉士**（SW）や**医療ソーシャルワーカー**（MSW）、**精神保健福祉士**（PSW）などの資格を持ったソーシャルワーカーがいます。

SW や MSW は、身体や精神の障害がある人や、環境上の理由で日常生活に困難がある人に対して**福祉相談に関する専門的な知識と技術により支援します**。また、医師やほかの医療サービス提供者と連携し、調整や援助も行います。

PSW は、**精神障害の治療を受けている人や、社会復帰を目指している人を支援します**。精神科病院やそのほかの医療施設で働き、地域相談支援や社会復帰に関する相談に応じています。

ソーシャルワーカーによる支援

ソーシャルワーカーは、相談業務のほか、自宅で暮らすために必要な介護保険サービスやインフォーマルサービス、転院先や入所施設の情報も提供します。自立支援医療、障害年金、精神障害者保健福祉手帳の申請方法も提供しています。また、**虐待**などが疑われる場合は、関係機関と連携して対応を協議します。

ソーシャルワーカーは、**認知症の人の権利を守り**、適切なケアやサービスが受けられるよう支援する専門職です。本人や家族の意向やニーズを尊重し、関係者と協力して本人・家族をサポートします。そのほかにも、**地域活動に参加**して、医療機関と地域のつながりを維持します。

ソーシャルワーカーの主な業務 　図

ソーシャルワーカーの役割

業務	内容	業務	内容
認知症の人の状況把握	認知症の人の生活状況や健康状態、社会的な状況を評価し、ニーズを把握する	本人・家族のサポート	認知症に伴うストレスや困難に対する心理的なサポートを提供する
情報提供	認知症に関する情報や関連リソース、利用可能なサービスなどを認知症の人や家族に提供する	援護活動	地域のリソースやサービスを活用して、認知症の人の自立と社会参加を支援する
相談援助	認知症に関する問題や困難について、本人や家族と一緒に解決策を探す	教育・啓発	地域や社会に対して認知症の理解を深めるための教育・啓発活動を行う
ケースマネージメント	一人ひとりの状況に適したサービスをコーディネートし、各種支援機関との連携を図る	リサーチ	認知症に関する研究に参加し、その結果をケアに反映させる

社会福祉士と精神保健福祉士の専門性

社会福祉士（SW）
医療ソーシャルワーカー（MSW）

専門分野と業務内容

身体や精神の障害がある人や、環境上の理由で日常生活に困難がある人に対して福祉相談に関する専門的な知識と技術により支援する
医師やほかの医療サービス提供者と連携し、調整や援助も行う

相談する場所

・地域包括支援センター
・病院の医療相談室
・独立型社会福祉士事務所など

精神保健福祉士（PSW）

専門分野と業務内容

精神障害の治療を受けている人や、社会復帰を目指している人を支援する
精神科病院やそのほかの医療施設で働き、地域相談支援や社会復帰に関する相談に応じて、日常生活に適応するために必要なトレーニングや支援も提供する

相談する場所

・病院の医療相談室

第1章 認知症の原因 疾患と症状
第2章 認知症の診断・治療 診断・治療
第3章 認知症の人を支える人たち
第4章 認知症の人を支える 制度・サービス
第5章 認知症の人の 生活課題と解決策
第6章 制度・サービスの 活用事例
第7章 キーワードで学ぶ これからの認知症ケア

11

介護職員
（訪問介護員・介護福祉士）

　介護職員は、介護サービスの内容によって無資格でも従事できる場合があります。しかし、多くの介護職員はさまざまな研修を受けて提供できるサービスを増やし、認知症の人の一番身近な生活パートナーとなっています。

訪問介護員（ホームヘルパー）による支援

　訪問介護員は、日常生活に不自由のある方の自宅で掃除や洗濯料理などの**「生活援助」**、排泄や入浴などの**「身体介護」**を提供します。自宅に訪問するには、介護職員初任者研修（旧ホームヘルパー２級）を修了している必要があります。

　また、その上位の介護福祉士実務者研修（旧介護職員基礎研修・ホームヘルパー１級）は、介護福祉士国家試験の受験要件の一つになっています。

介護福祉士による支援

　介護福祉士は、介護に関する専門的な知識と技術をもって身体的・精神的な障害のために日常生活に困難のある方への介護にあたるための**国家資格**です。

　自宅や施設で「生活援助」や「身体介護」の支援を行うことはもちろん、さまざまな介護サービス を通じて認知症の人の心のケアにも配慮し、安心して過ごせる環境を提供します。また、認知症の人や家族が孤立しないように、地域のイベントや活動への参加をはたらきかけたり、地域住民との交流を促します。

　さらに、家族などの介護者の相談にのったり、情報提供や勉強会を通じて介護のアドバイスを行うなど、介護者への支援も行ってます。

介護にかかわる職員が働いている場所やサービスの例 図

働く場所・サービス	業務内容
訪問介護 （ホームヘルプサービス）	利用者の自宅を訪問し、身体介護や生活援助を提供する。調理や掃除などを一緒に行うこともある
高齢者向け **コミュニティセンター**	高齢者や障害者、その家族が地域で集う場所で、情報提供、相談支援、レクリエーション活動、軽食提供などを行う
通所施設 （デイサービスセンター）	利用者が日中に通う施設で、リハビリテーションやレクリエーション活動、食事提供、入浴支援などを行う
短期入所生活介護 **短期入所療養介護** （ショートステイ）	施設で一時的に利用者を受け入れるサービスで、身体介護や生活援助、レクリエーション活動のサポートを提供する
小規模多機能型 **居宅介護**	一定の地域内で訪問介護、デイサービス、ショートステイなどのサービスを総合的に提供する施設で、利用者のニーズに応じた支援を行う
有料老人ホーム、 **サービス付き** **高齢者向け住宅**	有料老人ホームは、生活援助や身体介護、レクリエーション活動のサポート等の提供がある サービス付き高齢者向け住宅は、自立状態や介護度の低い高齢者を受け入れている
認知症対応型 **共同生活介護** （グループホーム）	認知症の高齢者が共同生活を送る施設。自立した生活が送れるよう生活援助、レクリエーション活動のサポートを行う
入所施設 （特別養護老人ホーム、 介護老人保健施設など）	高齢者や障害者の身体介護や生活援助を行い、リハビリテーション、レクリエーション活動を支援する

第1章 認知症の原因・疾患と症状

第2章 認知症の診察（検査）・診断・治療

第3章 認知症の人を支える人たち

第4章 認知症の人を支える制度・サービス

第5章 認知症の人の生活課題と解決策

第6章 制度・サービスの活用事例

第7章 キーワードで学ぶこれからの認知症ケア

12 歯科医師、歯科衛生士、管理栄養士

歯科医師、歯科衛生士

　認知症の人は歯磨きを拒否したり、入れ歯を紛失したりするほか、合わなくなっても訴えられないため、口腔トラブルを抱える人が少なくありません。口腔内の健康状態と認知症は密接な関係があり継続的な治療が必要です。地域の歯科医師会では認知症を学ぶカリキュラムがあり、基礎知識を身につけ、適切なかかわりを行っている歯科医師も多くいます。お住まいの歯科医師会のホームページなどで確認してください。

　歯科医院への通院を拒む認知症の人も多くいます。そういう方には**訪問歯科診療**で治療ができる場合があります。**ブラッシングなどが困難な場合は、歯科衛生士による居宅療養管理指導を受けることも可能です。**

管理栄養士

　管理栄養士は、食事や栄養の管理や指導を行います。認知症の人は食事が不規則になったり、偏食、嚥下困難を合併することがあります。管理栄養士はそういった場合に食のエキスパートの立場から、**トータルに栄養ケアをサポートする専門家**です。

　また、管理栄養士は、自宅に訪問して家族や支援者に食材の準備から自宅の器具を使っての調理方法、食事の仕方などのアドバイスができます。管理栄養士による訪問は、医療保険のほか、介護保険の居宅療養管理指導で行うことも可能です。なお、栄養指導は医師の指示書が必要な場合もあるので、利用する際は地域の栄養ケアステーションなどに確認しましょう。

　施設栄養士は、入所者全体の栄養状態の管理や給食メニュー作成、食事形態のアドバイスやチェックを行っています。

歯科医師、歯科衛生士、管理栄養士の支援　図

第1章 認知症の原因 疾患と症状
第2章 認知症の診察(検査・診断・治療
第3章 認知症の人を支える人たち
第4章 認知症の人を支える制度・サービス
第5章 認知症の人の生活課題と解決策
第6章 制度・サービスの活用事例
第7章 キーワードで学ぶ これからの認知症ケア

歯科医師、歯科衛生士の主な役割

役割	歯科医師	歯科衛生士
定期的な口腔内チェック	口腔内を詳細にチェックし、異常があれば適切な診断を行う	認知症の人の口腔内の健康状態を定期的にチェックし、異常があれば歯科医師に報告する
治療やケアの提供	必要な治療を行い、口腔内のケアを指導する。その際に最適な治療法を提案する	歯科医師の指示のもと、専門的な口腔内ケア(歯石の除去やフッ素塗布など)を提供する
家族への指導	認知症の人の口腔ケアに関する家族への教育を行う。治療方針やケア方法を家族に説明する	歯科医師の指示に基づき、口腔ケアの方法や重要性について家族に指導する
口腔健康を維持・向上	治療方針の立案と実施により、認知症の人の口腔健康を維持・向上する。予防指導も行う	歯石の除去や口腔内クリーニング等により、認知症の人の口腔健康を維持・向上する。予防ケアの指導も行う

管理栄養士の主な役割

食事や栄養の管理や指導

食事形態のアドバイス、チェック

食事の摂取指導

給食のメニューづくり

食事の調理指導

入所者全体の栄養状態の管理

13 福祉用具専門相談員

福祉用具専門相談員とは

　利用者の状況や要介護度は変化します。しかし、その都度、福祉用具を購入するのは経済的負担が大きいことから福祉用具は原則貸与（レンタル）になります。福祉用具専門相談員は、利用者や家族の希望、心身機能、生活動作能力、医療情報、環境情報、家族情報などをもとに、心身の機能向上や低下に応じて、**適切な福祉用具を選定・使用できるよう支援します**。介護保険で福祉用具の貸与を行う場合は、福祉用具専門相談員が利用者をアセスメントし、**福祉用具サービス計画**を作成して、ケアマネジャーなどと情報共有したうえで借りることになります。

　なお、再利用が困難な特定福祉用具（腰掛便座、自動排泄処理装置の交換可能部品など心理的抵抗が伴うものや一度使用すると再利用が不可能なもの）は、購入費が介護保険の給付対象となります（**特定福祉用具販売**）。

　福祉用具の貸与後も、福祉用具専門相談員は安全に使用できているかをモニタリングして、用具のメンテナンスも行います。

住宅改修について

　住宅改修に際しては、多くの専門職からアドバイスをもらうことをお勧めします。まず、ケアマネジャーに相談しましょう。ケアマネジャーは本人の身体機能や生活レベル、家族の希望、医師や介護福祉士、作業療法士などの意見も踏まえて改修の提案をします。そして、建築士や工務店等に工事を依頼します。なお、介護保険で住宅改修を行う場合は、事前に市町村に「住宅改修理由書」を提出し、受理される必要があります。

福祉用具貸与（レンタル）の流れ

福祉用具の種類	車いす（付属品含む）、特殊寝台（付属品含む）、床ずれ防止用具、体位変換器、手すり、スロープ、歩行器、歩行補助つえ、認知症老人徘徊感知機器、移動用リフト（つり具の部分を除く）、自動排泄処理装置
給付制度	原則は貸与。再利用が困難なものは購入費が給付対象。給付額は原則9割、所得に応じて8割・7割
特定福祉用具販売	腰掛便座、自動排泄処理装置の交換可能部品、排泄予測支援機器、入浴補助用具、簡易浴槽、移動用リフトのつり具の部分
福祉用具の選定基準	利用者の希望、家族の希望、心身機能、生活動作能力、医療情報、環境情報、家族情報
貸与・販売計画作成	福祉用具専門相談員が作成。利用目標、福祉用具の機種、その理由、使用時の注意事項等を記載
福祉用具貸与事業所	・福祉用具専門相談員が高齢者や障害者に必要な福祉用具の貸与や販売を行い、使用方法の説明やアフターサービスを提供する ・指定福祉用具貸与事業所には、福祉用具専門相談員が2名以上配置されている

住宅改修の種類と手続きの流れ

【種類】
1. 手すりの取り付け
2. 段差の解消
3. 滑り防止及び移動の円滑化のための床または通路面の材料変更
4. 引き戸等への扉の取り替え
5. 洋式便器等への便器の取り替え
6. その他上記改修に付帯して必要な住宅改修

【手続き】
1. ケアマネジャー等に相談
2. 施工事業者の選択・見積もり依頼
3. 市町村へ工事前に申請
4. 市町村が内容を確認し、結果を教示
5. 改修工事の施工
　　→完成／施工業者へ支払い
6. 市町村へ工事後に改修費の支給申請
7. 住宅改修費の支給額の決定・支給

第 1 章 認知症の原因 疾患と症状

第 2 章 診断・治療

第 3 章 認知症の人を支える人たち

第 4 章 認知症の人を支える制度・サービス

第 5 章 認知症の人の生活課題と解決策

第 6 章 制度・サービスの活用事例

第 7 章 キーワードで学ぶこれからの認知症ケア

第3章参考文献

- 日本栄養士会　ホームページ
  https://www.dietitian.or.jp/
- 公益財団法人日本看護財団ホームページ
  https://www.jvnf.or.jp/
- 日本歯科医師会　認知症に関するページ
  https://www.jda.or.jp/tv/70.html
- 日本介護福祉士会ホームページ
  https://www.jaccw.or.jp/
- 国立長寿医療研究センター　認知症初期集中支援チーム
  https://www.ncgg.go.jp/hospital/kenshu/kenshu/documents/
  29supportkensyu.pdf

第 4 章

認知症の人を支える制度・サービス

01

制度・サービス利用の基本姿勢

▶ 本人本位が基本

　認知症の人と家族が制度やサービスを利用する場合は、まず地域社会で本人がどう暮らしていきたいのか、どのようなつながりをもって生活しているのかを理解します。そのうえで、家族との関係性を考慮し、家族のニーズも明確にします。**認知症と診断されても過ごしたい生活が送れるような現実的な個別支援を提案していきます。**ともすると、家族の困りごとの解決策としてサービスの導入がなされることがありますが、本人の意向にそぐわない場合、人間関係の悪化につながることがあります。

▶ 公的制度とインフォーマルサービス

　認知症の人を支えるサービスは主に二つのカテゴリーに分かれます。国が提供する公的な**社会保障制度**によるサービスと、自治体や民間・非営利団体が提供するサービス（**インフォーマルサービス**）です。

　社会保障制度は、社会保険、公的扶助、社会福祉、保健医療・公衆衛生から成り立っています。病気やけがの診断・治療を行う**医療保険**や要介護状態になった方に介護サービスを提供する**介護保険**は社会保険のなかの制度・サービスです。なお、介護保険は市町村が運営しており、サービスを利用するためには要介護認定を受ける必要があります。

　一方、自治体や民間・非営利団体が提供するサービスは多種多様で、**インフォーマルサービス**とも言われています。**認知症カフェ**や**ピアサポート**、**認知症の人と家族の会**などの家族会、**NPO**などが行っている**高齢者見守り**や**食事の宅配**、**家族**や**友人**による見守りや話し相手、**宅配業者**や**社会福祉協議会**が提供するサービスなどもあります。

認知症の人の生活を支える制度・サービス　図

公的な社会保障制度

社会保険

医療保険

・診断
・治療
・訪問看護
・訪問リハビリテーション ｝一部
・重度認知症デイケア（医療機関）
　　　　　　　　　　　　　　　　など

年金制度

介護保険

・要介護認定を受けずに利用
　介護予防・日常生活支援総合事業など

・要介護認定を受けて利用
　訪問介護／訪問看護／訪問リハビリ
　デイサービス／デイケア／ショートステイ
　　　　　　　　　　　　　　　　など

公的扶助

・生活保護制度

社会福祉

・社会福祉
・児童福祉

保健医療・公衆衛生

・医療サービス　・保健事業
・母子保健　　　・公衆衛生
・感染症対策／予防接種
・健康診断　・公費負担医療

インフォーマルサービス

自治体・民間のサービス

・配食サービス
・安否確認サービス・緊急通報システム
・家事代行サービス・宅配（生協、ネット通販）
・ゴミ出しサービス・訪問理美容
・シニア向け支援サービス（まごころサポート等）
・庭の草取り・ペットの世話　　　　　　　　など

第1章　認知症の原因　疾患と症状

第2章　認知症の診断・治療　診察〈検査〉、

第3章　認知症の人を支える人たち

第4章　認知症の人を支える　制度・サービス

第5章　認知症の人の　生活課題と解決策

第6章　制度・サービスの　活用事例

第7章　キーワードで学ぶ　これからの認知症ケア

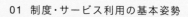

02

介護保険サービス

介護保険サービスは誰が使えるのか

介護保険サービスは、高齢者や障害者が自立した生活を送るための支援を提供するもので、65歳以上で要介護認定を受けた人が使えるサービスです（特定疾病が原因で介護が必要になった場合は40歳以上の人も利用できます）。

介護保険サービスを使うためには「**要介護認定**」を受ける必要があります。本人もしくは家族がお住まいの市区町村の介護保険担当窓口か地域包括支援センターに申請します。要介護認定の審査・判定の結果、支援が必要だと判断されると、要支援1・2、要介護1〜5の7段階に区分されます。介護度は数字が高いほうが重い状態で、月に使える介護サービスの単位（報酬単位）が多くなり、支給限度額も多くなります。

ケアプランと介護保険サービス

介護保険サービスは好きなだけ使えるのではなく、利用するには計画書（**ケアプラン、介護サービス計画**）が必要になります。その計画を立てる人がケアマネジャー（介護支援専門員）です。

本人が負担する介護保険サービスの利用料金は、サービス利用料の1〜3割です（収入によって自己負担額が変わります）。また、利用できるサービス量には上限があり、支給限度額を超えた場合の費用は全額自己負担となります。どのサービスを何回使うかは自由に組み合わせられます。ケアマネジャーはまず、本人の生活状況を一つひとつ確認して、自立した生活を送るうえでの課題を探します。そして、家族からも介護の相談を受けて、まずは介護保険でまかなえる範囲でケアプランを作成します。

介護保険サービスを利用するまでの流れ 図

要介護認定の流れ

要介護認定の申請
市区町村の介護保険担当窓口か地域包括支援センターへ申請する。

訪問調査
認定調査員（市区町村の職員など）が自宅を訪問し、本人と家族から聞き取り調査を行う。

主治医の意見書
本人の主治医から、心身の状況についての意見書を作成してもらう。

審査・判定
一次判定　訪問調査内容からコンピュータ判定
二次判定　介護認定審査会が主治医意見書と一次判定から総合的に判断

認定の通知
申請から30日以内に本人に要介護度が通知される。

要支援・要介護状態の区分と状態の目安

区分	状態
要支援1	生活機能の一部がやや低下しており、介護予防サービスの利用により改善する可能性が見込まれる
要支援2	生活機能の一部に低下が認められ、介護予防サービスの利用により改善する可能性が見込まれる
要介護1	立ち上がりや歩行などが不安定。排泄や入浴などに一部介助が必要
要介護2	立ち上がりや歩行に何らかの支えを必要とする。排泄や入浴、衣服の着脱などに一部または多く介助が必要
要介護3	立ち上がりや歩行などが自力では困難。排泄や入浴、衣服の着脱などで全体の介助が必要
要介護4	立ち上がりや歩行などがほとんどできない。排泄入浴、衣服の着脱など日常全般に全面的介助が必要
要介護5	意思の疎通が困難で、食事を含む生活全般について全面的介助が必要

ケアプランの作成からサービス利用までの流れ

ケアマネジャーが自宅を訪問し、生活環境を見ながら本人の状態やニーズ、今後の課題を把握（アセスメント）

各介護サービス提供者、本人・家族が参加して「サービス担当者会議」を行い、今後のサービス提供方針を検討

ケアプランの作成（ケアマネジャー）

本人および家族に対するケアプランの説明と文章による同意

ケアプランに沿ったサービス利用開始

ケアマネジャーが1か月に1回モニタリング（面接）を行い、必要に応じてケアプランを変更

第1章 認知症の原因　疾患と症状
第2章 認知症の診察（検査）・診断・治療
第3章 認知症の人を支える人たち
第4章 認知症の人を支える制度・サービス
第5章 認知症の人の生活課題と解決策
第6章 制度・サービスの活用事例
第7章 キーワードで学ぶこれからの認知症ケア

ケアマネジャーの選び方

行政や地域包括支援センターにはケアマネジャーが所属する居宅介護事業所の一覧があります。ケアマネジャーを選ぶときは、まずは面談をして、本人と家族の間に入りきちんと話のできるケアマネジャーを選ぶことが重要です。なお、**ケアプランの作成費用は全額保険給付のためかかりません**（居宅介護支援という介護保険サービスになります）。また、ケアマネジャーはケアプランをつくって終わりではなく、**サービス利用開始後も月に1回自宅で面接を行い、必要に応じてケアプランを変更します**。

各種サービスの概要

居宅サービスには自宅で受けられるものと、施設に通って受けるサービスがあります。自宅で受けられるサービスには**訪問看護**や**訪問リハビリテーション**があります。専門的な視点から健康状態の把握や処置、生活障害に対する評価やリハビリが行われ、自立した生活を維持するための支援が提供されます。また、**訪問介護**により、その人の症状や障害に応じて身体症状に対する援助や家事援助も利用できます。**福祉用具の利用**や**住宅改修**などのサービスもあります。一方、施設に通って受けるサービスには、**デイサービス**や**ショートステイ**などがあります。

施設サービスには、在宅復帰を目的とした施設（**老人保健施設**）や生活の場としての施設（**特別養護老人ホーム**）があります。なお、介護保険の施設に入所できるのは、原則要介護者だけです。

地域密着型サービスは、住み慣れた地域で、多様で柔軟なサービスを提供するための枠組みで、サービスの提供できる地域が限定されており、地元の事業所や施設の利用が基本となります。単体でのサービスも提供されていますが、通い・訪問・泊まりを組み合わせた一体型のサービスなどもあります。

これらのサービスは、自立した生活を維持・向上するための支援となります。サービスの選択は個々の状況やニーズによるので、主治医やケアマネジャーと相談して適切なサービスを選ぶことが重要です。

介護保険サービスの一覧 図

	サービスの種類	介護予防サービス（要支援1・2）	介護保険サービス（要介護1〜5）
居宅サービス	訪問介護(ホームヘルプサービス)	●※1	●
	訪問入浴介護	●	●
	訪問看護	●	●
	訪問リハビリテーション	●	●
	居宅療養管理指導	●	●
	通所介護(デイサービス)	●※1	●
	通所リハビリテーション(デイケア)	●	●
	短期入所生活介護(ショートステイ)	●	●
	短期入所療養介護(ショートステイ)	●	●
	特定施設入居者生活介護(有料老人ホーム、軽費老人ホーム等)	●	●
	福祉用具貸与	●	●
	特定福祉用具販売	●	●
	住宅改修	●	●
	居宅介護支援	●	●
施設サービス	介護老人福祉施設(特別養護老人ホーム)	×	●※2
	介護老人保健施設	×	●
	介護医療院	×	●
	介護療養型医療施設	×	●※3
地域密着型サービス	定期巡回・随時対応型訪問介護看護	×	●
	夜間対応型訪問介護	×	●
	認知症対応型通所介護(デイサービス)	●	●
	療養通所介護	×	●
	小規模多機能型居宅介護	●	●
	認知症対応型共同生活介護(グループホーム)	●※4	●
	地域密着型特定施設入居者生活介護	×	●
	地域密着型介護老人福祉施設入所者生活介護	×	●
	地域密着型通所介護(小規模デイサービス)	×	●
	看護小規模多機能型居宅介護(複合型サービス)	×	●

※介護保険で利用できるサービス。サービスの種類、予防給付の有無、地域密着型サービスの有無によって区別されています。

※1　要支援は介護予防・日常生活支援総合事業の介護予防・生活支援サービスとして提供される
※2　要介護3以上が対象だが、行動の困難さが頻繁にみられ、在宅困難である場合、家族等による深刻な虐待が疑われる場合、単身世帯で在宅生活が困難である場合は、特例入所が認められる場合があります。
※3　2023年度末で廃止
※4　要支援2のみ対象

03

自宅で受けられるサービス
（訪問介護、訪問看護、訪問リハビリなど）

▶ 居宅サービス

居宅サービスは、自宅で生活するための支援を提供するサービスです。まず、健康状態や生活の維持に必要なサービスから利用し、次いで介護予防やレスパイトなどの目的別に整えていきます。

訪問看護や**訪問リハビリテーション**は、看護師や理学療法士、作業療法士、言語聴覚士が医師の指示書のもとで、利用者の自宅を訪れて医療処置や健康管理の支援、リハビリテーションを行います。医療保険で行われる場合もありますが、認知症の診断があり、要介護認定を受けている場合は、居宅サービス（介護保険）に含まれます。

訪問介護は、利用者の自宅を訪れて**生活援助**や**身体介護**を行うサービスで、食事の準備や入浴、排泄の手伝いなど、日常生活の不自由な面をサポートします。**訪問入浴介護**は、身体症状や内部障害などで入浴困難な方に看護師１名、介護員２名で入浴ケアを提供するサービスです。

居宅療養管理指導は、医療機関で行われる生活指導が自宅で受けられるサービスです。医師・歯科医師、薬剤師、管理栄養士、歯科衛生士により、利用者の健康状態を総合的に管理・指導できます。

▶ 地域密着型サービス

地域密着型サービスでも自宅で受けられるサービスがあります。**定期巡回・随時対応型訪問介護看護**、**小規模多機能型居宅介護**（**看護小規模多機能型居宅介護**）でも、訪問介護のサービスが含まれています。

主な自宅で受けられるサービスとその内容 図

居宅サービス

訪問介護（ホームヘルプサービス）

ホームヘルパーが訪問して介護を行う。身体介護と生活援助がある

①入浴・排泄・食事等の介護、②調理・洗濯・掃除等の家事、③生活等に関する相談および助言

訪問リハビリテーション

理学療法士、作業療法士、言語聴覚士が訪問してリハビリを行う

身体・精神面の自律を促すリハビリを行う

訪問入浴介護

自力で入浴できない場合に看護師や介護員に入浴介護をしてもらう

①健康チェック、②入浴支援

訪問看護

看護師等が訪問して、医療的ケアを行う

①療養上の世話、②必要な診療の補助

居宅療養管理指導

医療の専門家が自宅でアドバイスを行う

医師・歯科医師：訪問診療時に行うケースが多い
薬剤師：服薬に関する助言、配薬、残薬管理など
歯科衛生士：歯科医師の指示に基づき行う管理・指導
管理栄養士：医師の指導に基づいた栄養管理に関する助言、指導
ケアマネジャーに情報提供することが定められている。医療と介護の連携に大変重要

自宅で受けられる地域密着型サービス

定期巡回・随時対応型訪問介護看護

1か月定額制で、24時間体制の訪問介護と訪問看護を行う。随時訪問、随時対応可能

①入浴・排泄・食事等の介護、②調理・洗濯・掃除等の家事、③生活等に関する相談および助言、④療養上の世話や診療の補助

夜間対応型訪問介護

22時～6時を含む夜間帯に、必要に応じて訪問介護を行う。随時訪問、随時対応可能

①排泄や寝返りの介助、水分補給、安否確認が中心で、入浴や食事の介助は行っていないことが多い、②緊急時に通報を受け付けて対応（必要に応じて訪問）

小規模多機能型居宅介護

訪問介護、通所介護、短期入所生活介護を組み合わせたサービス

①入浴・排泄・食事等の介護、②調理・洗濯・掃除等の家事、③生活等に関する相談および助言、④健康状態の確認等、⑤機能訓練

看護小規模多機能型居宅介護

小規模多機能型居宅介護に加えて、訪問看護も行う

①療養上の世話または診療の補助、②入浴・排泄・食事等の介護、③調理・洗濯・掃除等の家事、④生活等に関する相談および助言、⑤健康状態の確認等、⑥機能訓練

04

定期巡回・随時対応型訪問介護看護、夜間対応型訪問介護

　要介護高齢者が重症度が上がっても24時間自宅で暮らせるしくみとして、地域密着型サービスに定期巡回・随時対応型訪問介護看護と夜間対応型訪問介護が導入されました。要介護１以上の方が対象です。

定期巡回・随時対応型訪問介護看護

　定期巡回・随時対応型訪問介護看護は、24時間365日対応で高齢者や障害者の生活を支えるためのサービスです。**介護職員が定期的に、または必要に応じて利用者の自宅を訪れ、日常生活の支援を行います。**サービス内容には、日常生活の基本的な要素である食事、入浴、排泄の介助から、清潔の維持や身体の動きを促す活動なども含まれます。

　また、利用者の病状や体調変化に対応するための訪問看護サービスも併せて提供され、これにより在宅医療との連携も図られます。訪問看護師は医師からの指示を受け、利用者の健康管理を行うとともに、在宅薬剤師とも連携して、適切な薬物治療の管理を行います。また、介護職員は日常生活の困りごとに対して、家族の介護負担を軽減します。

夜間対応型訪問介護

　夜間対応型訪問介護は、特に夜間の介護や排泄介助が必要な方や、その家族の介護負担を軽減することを目的としたサービスです。サービスの内容は、18時から翌朝８時に、定期的に訪問介護の専門スタッフが利用者の自宅を訪問し、排泄介助、移動支援、水分補給などの介護サービスを提供します。緊急時には随時対応してくれます。

定期巡回型サービスのイメージ 図

定期巡回・随時対応型訪問介護看護のイメージ

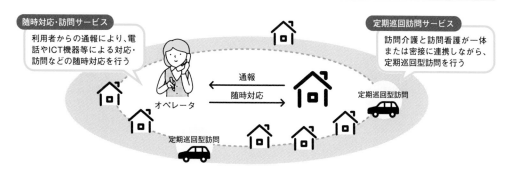

随時対応・訪問サービス
利用者からの通報により、電話やICT機器等による対応・訪問などの随時対応を行う

定期巡回訪問サービス
訪問介護と訪問看護が一体または密接に連携しながら、定期巡回型訪問を行う

オペレータ
通報
随時対応
定期巡回型訪問
定期巡回型訪問

夜間対応型訪問介護のイメージ

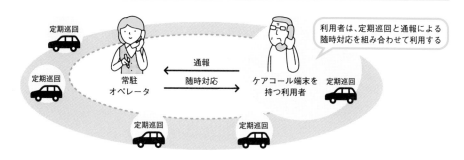

定期巡回
定期巡回
常駐オペレータ
通報
随時対応
ケアコール端末を持つ利用者
定期巡回
定期巡回
定期巡回

利用者は、定期巡回と通報による随時対応を組み合わせて利用する

サービスとその内容

サービス名	提供時間	提供サービス	対応内容
定期巡回・随時対応型訪問介護看護	日中・夜間	訪問介護と訪問看護	入浴・排泄・食事等の介護、調理・洗濯・掃除等の家事、生活等に関する相談および助言、療養上の世話や診療の補助
夜間対応型訪問介護	夜間	訪問介護	排泄や寝返りの介助、水分補給、安否確認などが中心

両サービスとも、自宅へ入室する際のセキュリティ面は、ダイヤルロック付きのキーボックスなどを用いて、家族とヘルパーだけが自宅に出入りできるようにするなどの工夫を行います。定期巡回・随時対応型訪問介護看護や夜間対応型訪問介護は、在宅ケアの一環として、利用者とその家族が自宅で安心して生活を続けるための重要なサポートとなります。

第1章 認知症の原因 疾患と症状
第2章 認知症の診察・検査・診断・治療
第3章 認知症の人を支える人たち
第4章 認知症の人を支える制度・サービス
第5章 認知症の人の生活課題と解決策
第6章 制度・サービスの活用事例
第7章 キーワードで学ぶ これからの認知症ケア

05

自宅から施設に通って受ける
サービス（デイサービス、ショートステイなど）

▶ 通所介護／通所リハビリテーション

　通所介護（デイサービス）は、利用者が施設に通い、日中の生活支援やリハビリテーションを受けることができるサービスです。デイサービスでは、専門スタッフが食事や入浴、排泄の手伝いなどの日常生活の支援、レクリエーションなどの活動を行います。また、高齢者同士で交流できるため、社会参加の機会となり、利用者の孤立感を軽減し、心身の健康維持にも寄与します。

　通所リハビリテーション（デイケア）は、リハビリテーション専門のスタッフが施設において機器なども用いながら、利用者の機能回復や維持を目指して行われるリハビリテーションです。

▶ 短期入所生活介護／短期入所療養介護

　短期入所生活介護（ショートステイ）は、一時的に利用者が施設に滞在し、24時間体制で介護や看護を受けることができるサービスです。これにより、家族介護者の負担軽減（**レスパイト**）や家族介護者の事情・病気などによる緊急時の対応が可能となります。施設では、利用者が安心して過ごせるように、居室や共用スペースが整備されており、栄養バランスの取れた食事やレクリエーションが提供されます。

　一方、**短期入所療養介護（ショートステイ）**は、主に常勤医師のいる施設に併設されており、医療処置が必要な方の利用が可能です。医師や看護師による医療サポートが提供され、利用者の病状に応じたケアが行われます。病気やけがの回復をサポートするとともに、利用者が安心して過ごせる環境を提供します。

カテゴリー	サービス名	提供されるサービス	提供場所	
自宅から通う	通所介護（デイサービス）	入浴・食事・排泄等の生活支援および機能訓練レクリエーション	デイサービスセンター等	
	通所リハビリテーション（デイケア）	機能の維持回復訓練や日常生活動作訓練	介護老人保健施設、病院、診療所等に併設された施設、介護医療院	
施設に泊まる	短期入所生活介護（ショートステイ）	入浴、排泄、食事などの介護や日常生活上の世話および機能訓練を提供	ショートステイ専門施設、特別養護老人ホーム、有料老人ホーム等	**利用期間** 最大30日間
	短期入所療養介護（ショートステイ）	看護、医学的管理の下における介護および機能訓練、必要な医療処置、日常生活上の世話を提供	介護老人保健施設、療養病床のある病院や診療所等で短期間入院	自宅での介護ができない一定期間

※介護老人保健施設と特別養護老人ホームで提供しているサービスは、一部異なります。

> これらのサービスの利用は、利用者に対して適切なレクリエーションやリハビリテーション、宿泊施設を提供することで、生活の質の向上や孤立感の軽減、介護者の生活の維持にもつながります。

06

自宅と施設両方で受けられる サービス(看護／小規模多機能型居宅介護)

▶ 小規模多機能型居宅介護

　小規模多機能型居宅介護（以下、小多機）は、高齢者が自宅で生活を続けるためのサービスです。**利用者の状態や生活に合わせて「通い（通所介護）」「訪問（訪問介護）」「泊まり（短期入所生活介護）」を組み合わせて利用することができるサービス**です。個別対応型の介護サービスが提供されるため、高齢者にとって心身ともに安定した生活を送ることができます。

　小多機では、通院支援としてこのサービスを利用することができます。また、「通い」で過ごすことができない認知症の利用者には、「訪問」に切り替えることができるため、柔軟な介護が提供できます。さらに、**24時間体制での介護が可能**であるため、利用者の状態が急変した場合でも、素早く対応できることが特徴です。訪問看護の併用もできます。

　こうしたメリットの一方で、利用単位数が多いため施設外の介護サービスを利用する場合10割負担となる場合があり、従来から利用している介護サービスの利用や新たな契約ができなくなることがあります。

▶ 看護小規模多機能型居宅介護

　看護小規模多機能型居宅介護は、**看護師が常駐する小多機で、医療的なケアを提供する介護サービス**です。看護師が介護職員と協力して、高齢者の健康管理や医療処置、緊急時の対応などを行います。主にターミナルケアや処置が必要な利用者が多いですが、認知症の人が退院後などに利用する場合もあります。医療処置が可能な分、利用単位数は多めで、他のサービスは10割負担となることもあります。

小規模多機能型居宅介護の特徴 図

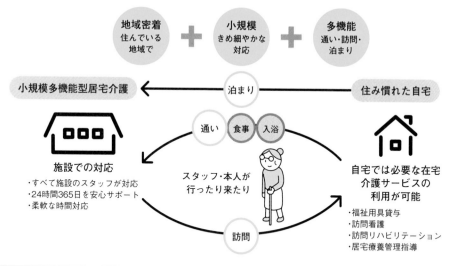

項目	内容
サービスの形態	「通い」「訪問」「泊まり」を組み合わせて利用する在宅介護サービス
定員	登録が29名以下、「通い」が1日あたり18名以内、「泊まり」が1日あたり9名以内
スタッフと利用者の関係性	ケアプランの作成からサービスの提供まで同じ事業所が行う。顔見知りとなり、アットホームな雰囲気が生まれる
柔軟な支援	利用者一人ひとりに合わせて、24時間365日切れ間なく、その方が必要としている支援をフレキシブルに提供することができる
利用者の日常	スタッフとともに簡単な家事などを行いながら、自分にできることをできる範囲で行い、自分らしい「暮らし」や「生き方」を実現できる
地域密着型のサービス	利用者は住んでいる市区町村にある事業所と契約を結び、住み慣れた地域での生活を続けることができる
サポート範囲	通院支援や買い物の付き添いなども可能
地域と範囲	サービス提供エリアが比較的狭い。サービスが提供されていない地域もある
ケアマネジャー	もともと要介護認定を受けており、担当ケアマネジャーがいる場合、小多機のケアマネジャーに変更が必要
その他	利用単位数が月々定額で定められている。要介護度の単位数の範囲には収まるが、施設により上限に近くなる。訪問看護や福祉用具貸与など、ほかの介護サービスを利用するための単位数が足らず、自費になることがある。施設の運営方法によって、通所の回数制限、泊まりの人数や日数制限があり、希望どおりのサービスを受けられないことがある

07

入所施設
（特養、老健、グループホームなど）

　認知症の人が入所施設に移り住むことを考えるとき、その要素は多岐にわたります。**本人の要望、体調、これまでの生活パターン、そして家族やケアパートナーのサポートが困難となったときなど**が重要な検討材料となります。また、入所生活が経済的に持続可能な状況かどうかも見極めるべき点です。

入所施設の種類
　入所施設には大きく分けて、公的施設と民間施設の2種類があります。

　公的施設は**介護老人福祉施設（特別養護老人ホーム）**、**介護老人保健施設**、**介護医療院**、**介護療養型医療施設**（2024年3月に廃止）です。また、地域密着型サービスで認知症の人を対象にした**認知症対応型共同生活介護（グループホーム）**や、無料または低額な料金で入所できる**軽費老人ホーム（ケアハウス）**、基本的に自立している人で環境的・経済的に在宅で生活することが困難な高齢者が対象の**養護老人ホーム**があります。それぞれ入居条件があるので確認してください。

　一方、民間施設は入居条件が緩いかわりに、入居金や月額利用料に幅があります。**有料老人ホーム**や**サービス付き高齢者向け住宅**（サ高住）があります。

施設を選ぶ際のポイント
　それぞれの施設で提供されるサービスを理解し、**本人に合った施設を選択することが重要**です。本人がにぎやかな場所を好むか、静かな環境を好むか、外出好きなのか、インドア派なのか、カラオケが好きかどうかなど、食事の内容、本人の性格や趣味を反映したレクリエーションが提供されているかなども確認しましょう。

施設タイプ	特徴	入居条件	備考
特別養護老人ホーム	重度の人が手厚いケアを受けながら療養を続ける施設	要介護者(要介護3以上)	介護保険。外部医療機関への通院可。施設の配置医師が主治医となる
介護老人保健施設	自宅での生活を目指して、医学管理のもとでリハビリを重視した介護サービスを受ける施設	病院に入院して治療するほどではないが、自宅での生活が困難な要介護1以上の人	介護保険。外部医療機関への通院は制限される。施設医師が主治医
グループホーム	ケアを受けながら認知症の人同士で共同生活を行う地域密着型の施設	要支援2以上と認定されている認知症の高齢者	介護保険。外部医療機関への通院可。施設に訪問医が訪問することが多い
介護医療院	医療ケアが充実している介護施設 	要介護1〜5で重篤な身体疾患を有したり、身体合併症を有する認知症高齢者	介護保険。外部医療機関への通院は制限される。施設医師が主治医
軽費老人ホーム(ケアハウスなど)	住宅や家族の事情などの理由により、自宅で生活することが難しい人が入居する施設	高齢者で自分の身の回りのことができ、共同生活に適応できる人	食事提供の有無などパターンがある。認知症の人の対応ができる施設は限られる
有料老人ホーム	食事、入浴、レクリエーション、介護サポートなどが提供される 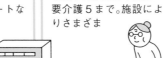	原則65歳以上で自立〜要介護5まで。施設によりさまざま 	有料老人ホームの多くは利用権方式。介護保険サービスは施設内にある場合も多いが、施設外のサービスを受けられる場合もある。外部医療機関への通院可
サービス付き高齢者向け住宅	安否確認、生活相談サービス付き賃貸住宅	自立した高齢者や軽度の介護が必要な高齢者で、バリアフリーな住宅を希望する人	民間の賃貸住宅と同様の賃貸契約を結ぶ。外部医療機関への通院可。介護・医療サービスは別途契約

08

福祉用具貸与、特定福祉用具販売、住宅改修

　介護保険の福祉用具は、高齢者が自宅で自立した日常生活を送ることができるように支援することを目的としています。また、自宅に手すりをつけるなどの住宅改修の工事費用も介護給付の対象になっています。

福祉用具貸与、特定福祉用具販売

　介護保険で福祉用具をレンタルするサービスを**「福祉用具貸与」**といい、車いすや特殊寝台（介護用ベッド）などを借りることができます。利用する場合は、担当のケアマネジャーと福祉用具専門相談員（福祉用具貸与事業者）に相談します。

　一方、レンタルにそぐわない腰かけ便器（ポータブルトイレ）や入浴補助用具（入浴用いす）などは**「特定福祉用具販売」**という制度を利用して購入します。こちらも、ケアマネジャーや福祉用具専門相談員と相談し、製品を購入した後、支給申請をします。

住宅改修

　介護保険の「住宅改修」で適用される改修は①手すりの取り付け、②段差の解消、③床・通路の素材変更、④洋式便器への取り替え、⑤扉の取り替え、⑥付帯工事（①～⑤の工事に伴って必要になる補強工事など）です。**保険の適用は20万円まで**で保険適用の1～3割と、超過分を自己負担します。住宅改修を行う際は、まずケアマネジャー等に相談し、住宅改修が必要な理由書を作成してもらいます。同時に、住宅改修事業者に工事内容を相談し、見積もりをしてもらいます。それらを市区町村に事前申請し、承認される必要があります。なお、**住宅改修費は施工後の申請が通ってから支給されるため、いったんは一部または全額を負担しなければなりません。**

福祉用具の一例と住宅改修申請の流れ　図

介護保険の対象となる主な福祉用具の一例

対象となる福祉用具	要支援1・2 要介護1	要介護 2・3	要介護 4・5
車いす(車いす付属品を含む)	×	●	●
特殊寝台(特殊寝台付属品を含む)	×	●	●
床ずれ防止用具	×	●	●
体位変換器	×	●	●
手すり(工事を伴わないもの)	●	●	●
スロープ(工事を伴わないもの)	●	●	●
歩行器	●	●	●
歩行補助つえ	●	●	●
認知症老人徘徊感知機器	×	●	●
移動用リフト(つり具を除く)	×	●	●
自動排泄処理装置	▲	▲	●

● 利用できる

▲ 一部利用できる
※尿のみを吸引する
ものは利用できる

× 原則として利用
できない

住宅改修申請の流れ

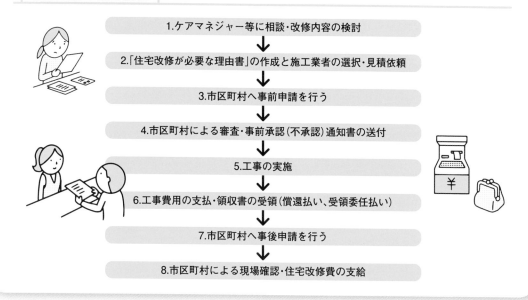

1.ケアマネジャー等に相談・改修内容の検討

↓

2.「住宅改修が必要な理由書」の作成と施工業者の選択・見積依頼

↓

3.市区町村へ事前申請を行う

↓

4.市区町村による審査・事前承認(不承認)通知書の送付

↓

5.工事の実施

↓

6.工事費用の支払・領収書の受領(償還払い、受領委任払い)

↓

7.市区町村へ事後申請を行う

↓

8.市区町村による現場確認・住宅改修費の支給

第1章 認知症の原因　疾患と症状

第2章 認知症の診察・治療　診断・治療

第3章 認知症の人を支える人たち

第4章 認知症の人を支える　制度・サービス

第5章 認知症の人の生活課題と解決策

第6章 制度・サービスの活用事例

第7章 キーワードで学ぶこれからの認知症ケア

09

医療保険で受けられるサービス

　日本国民は皆、医療保険に加入しています。会社や役所に勤める人は**「健康保険」**、自営業者・個人事業主、無職の人などは**「国民健康保険」**、75歳以上の人は**「後期高齢者医療制度」**に加入します。医療にかかる自己負担金は加入している保険の種類や収入に応じて決まり、自己負担の限度額も決まっています。また、医療費を助成する制度もあります。

▶ 医療保険と介護保険にまたがるサービスの場合

　訪問看護やリハビリテーションのように、**医療保険と介護保険にまたがるサービスについては、基本的に介護保険からの給付が優先されます。**双方の保険を使って、同じサービスを利用することはできません。医療保険の訪問看護では、1日1回、週に3回までと上限が決まっていますが、重度のパーキンソン病等の疾病・状態に該当する場合や医師から**「特別訪問看護指示書」**が交付された場合は、最大14日間、回数に制限なく利用できます。

　なお、医療保険の訪問看護が優先されるのは、厚生労働大臣の定める疾病等の方、特別訪問看護指示書が発行された場合で、1日に複数回利用可能、週4日以上利用可能、2か所のステーションの利用可能という特徴があります。また、これ以外に、介護保険未申請の方の場合は、医療保険で1日1回、週に3回まで、1か所の訪問介護ステーションのみ利用可能となります。

　病気やけがの診療・治療、安定（回復期）は医療保険で担い、生活の維持期に入ったら介護保険の通所や訪問サービスを利用するというように、サービスをうまく組み合わせ、安心して暮らせる環境を整えることが求められます。

認知症の人が利用する主な医療サービス 図

医療サービス	説明
外来診療	神経内科、精神科、内科などでの診察・診断、治療を行う。治療やケアマネジャーのケアプランに助言する 
訪問診療	医師が認知症の人の自宅に訪問し、医療サービスを提供する
認知症疾患医療センター	認知症の鑑別診断、周辺症状等に対する急性期医療、医療相談、身体合併症などにおける医療を受けられる（他院との連携による場合を含む）。かかりつけ医からの紹介状を要する場合が多い
総合病院	神経内科外来、精神科外来、認知症外来などでの外来診療が受けられる。かかりつけ医からの紹介状を要する場合が多い 
回復期リハビリテーション病院	内科疾患、骨折や肺炎などの急性期治療終了後に、一定期間入院してリハビリを行う医療機関
医療保険による訪問看護	要介護認定を受けていない、介護保険非該当になった認知症の人、医療保険の利用が優先となる疾患を併存している要介護者は医療保険で訪問看護を受けられる 退院直後や急性感染症、圧迫骨折など急性増悪とみなされる場合は、医師の特別訪問看護指示書にて週4回以上の医療保険での訪問看護が可能 認知症以外の精神疾患が主病名である場合は、精神科訪問看護指示書により訪問看護が受けられる 医療機関が精神科在宅支援管理料を算定している場合は、医療保険で認知症の診断名で精神科訪問看護を提供している場合がある
認知症デイケア（重度認知症デイケア）	精神症状および行動異常が著しい認知症の人（認知症高齢者の日常生活自立度判定基準ランクM、せん妄、妄想、自傷・他害、興奮などの精神症状や精神症状によって引き起こされる問題行動が継続して行われている状態）が利用する通所施設で1日6時間利用としているところが多い

10 財産管理に関する制度

　認知症の人が初期から障害されやすいことに金銭管理があります。お釣りの計算ができなくなり買い物をお札で払うようになって小銭がたまる、何度も同じものを買ってしまうといった日常生活上の課題だけでなく、銀行で年金を引き出せなくなったり、預貯金や不動産、資産管理が難しくなります。ここでは、認知症の人の財産を信頼できる人に管理してもらうためのしくみ（信託）について紹介します。

代理出金機能付信託

　一定以上の金額（数百万円以上）の預金がある場合、代理人が本人口座から医療費、介護費、生活費等を払い出しできる信託商品です。払い出しの状況をほかの家族等が閲覧できる機能があるものもあります。

家族信託（民事信託）

　家族信託は、認知症になる前に自分の財産を専門家（信託受託者）に預け、その専門家が指示どおりに財産を管理し、認知症になった後も指示にしたがって引き続き財産を管理するというものです。たとえば、認知症になった後、子どもたちが平等に財産を分けるように、または特定の時期に特定の金額を子どもに渡すようになど、自分が望む具体的な指示に基づいて財産を管理できるようにする商品です。

信託保全

　信託保全は自己の財産を信託銀行などの専門機関に委託し、運用・管理を行う商品です。金融財産に限ります。

認知症の人の財産を管理・利用する制度　図

		代理出金機能付信託	家族信託	法定後見制度	任意後見制度
時期		判断能力があるうちに契約が必要	判断能力があるうちに契約が必要	判断能力がなくても制度の利用が可能	判断能力があるうちに手続きが必要
扱える財産		金銭のみ	金銭、不動産、未上場株等。農地等は不可	本人の持つ資産すべて	本人の持つ資産すべて
扱う人	取り	金融機関	家族等信頼のおける人	弁護士等士業、社会福祉士、家族、任意後見人など裁判所が決めた者	任意後見監督人が選任した任意後見人
監護	身上	できない	できない	できる	できる
メリット		代理人が本人に必要な金銭を出金できる	権限は契約内容で制限可能。資産が少なくても可能	認知症で判断能力が低下している人の財産を管理できる	自分で選んだ人と自ら「任意後見契約」を交わすことができる
注意点		扱いは金銭のみで、最低預金額が定められていることが多い	親族でよく話し合わないと後で揉めることがある	裁判所が後見人等を決めるため、本人や家族の意向と異なることもありうる	本人に判断能力があるうちにしか利用できない
アドバイス		預貯金の管理を見える化しやすくなる	資産運用、不動産所得等の管理が必要な場合	法律で本人の財産が守られる。途中で中止できない。申し立てには費用がかかり、本人が亡くなるまで後見費用がかかる	委任事項は原則として法律行為に限定され、事実行為(本人の世話や介護)は含まれない

注:上記を組み合わせて利用する場合もある。身上監護と最低限の日常生活に必要な資金を成年後見制度で行い、その他の資産は家族信託で行うことも考えられる

COLUMN

リバースモーゲージ、リースバック

　リバースモーゲージは、持ち家を担保に生活資金、介護費用を借り入れ、借入人が死亡したときに担保となっていた不動産を処分して返済する高齢者向け貸付制度。リースバックは自宅を売却すると同時に賃貸契約を結び、これまで同様に住み続けるしくみ。両方とも、メリット・デメリットがあるため、専門家に相談するとよいでしょう。

11

成年後見制度

　成年後見制度は、認知症や精神障害などで**判断能力が低下した人を支援するための法制度**です。大きく分けて「**法定後見**」と「**任意後見**」があります。

法定後見制度

　法定後見とは、家庭裁判所が本人の契約能力に制限を加え、後見人等（成年後見人、保佐人、補助人）に、財産管理・処分、遺産相続、福祉施設への入退所など、いわゆる「法律行為」の全般について、サポートや代理を担わせる制度です。**本人の判断力に応じて、家庭裁判所は①後見、②保佐、③補助という３つの類型に区分して、後見人等に「取消権限」「代理権限」「同意権限」を付与します。**

　法定後見人は、本人の権利に深くかかわるので慎重に選任されます。周囲の人が候補者を立てることはできますが、本人に対する医師の診断書や鑑定書、申立人に対する事情聴取などをもとに裁判所が選任します。後見人になるための特別な資格は必要ありませんが、家族のほかに弁護士や司法書士、社会福祉士、税理士などの専門家、社会福祉協議会や市民後見人が選任されることもあります。また、裁判所は後見人の仕事を監督する成年後見（保佐・補助）監督人を選任することもあり、追加費用が必要となります。

任意後見制度

　任意後見制度は、本人の判断能力があるうちに、自分で後見人になってくれる人と契約をしておく制度です。判断能力が不十分になったら家庭裁判所の任意後見監督人を選出して、本人の意思に沿って財産管理等を行います。

第1章　認知症の原因　疾患と症状

第2章　認知症の診察・検査・診断・治療

第3章　認知症の人を支える人たち

第4章　認知症の人を支える制度・サービス

第5章　認知症の人の生活課題と解決策

第6章　制度・サービスの活用事例

第7章　キーワードで学ぶこれからの認知症ケア

成年後見制度のしくみ

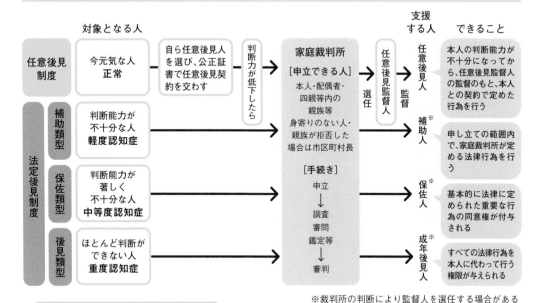

		対象となる人					支援する人	できること
任意後見制度		今元気な人 **正常**	自ら任意後見人を選び、公正証書で任意後見契約を交わす	判断力が低下したら	家庭裁判所 [申立できる人] 本人・配偶者・四親等内の親族等 身寄りのない人・親族が拒否した場合は市区町村長 [手続き] 申立 ↓ 調査 審問 鑑定等 ↓ 審判	任意後見監督人 選任　監督	任意後見人	本人の判断能力が不十分になってから、任意後見監督人の監督のもと、本人との契約で定めた行為を行う
法定後見制度	補助類型	判断能力が不十分な人 **軽度認知症**					補助人 ※	申し立ての範囲内で、家庭裁判所が定める法律行為を行う
	保佐類型	判断能力が著しく不十分な人 **中等度認知症**					保佐人 ※	基本的に法律に定められた重要な行為の同意権が付与される
	後見類型	ほとんど判断ができない人 **重度認知症**					成年後見人 ※	すべての法律行為を本人に代わって行う権限が与えられる

※裁判所の判断により監督人を選任する場合がある

申し立て時に必要となる費用

- 申立手数料：800円
- 登記手数料：2600円
- 送達・送付費用：3000〜5000円
- 医師の診断書の作成費用：数千円
- 住民票：数百円／部
- 戸籍抄本：数百円／部
- 登記されていないことの証明書：300円
- 鑑定費用：5〜10万円程度（審理において必要とされた場合）

後見人等に支払う報酬

基本報酬

通常の後見事務を行った場合の報酬。管理財産額によって3段階に区分。

管理財産額	報酬月額（目安）
1000万円未満	月額2万円
1000万〜5000万円未満	月額3〜4万円
5000万円超	月額5〜6万円

付加報酬

- 身上保護等に特別困難な事情があった場合
  →基本報酬額の50％の範囲内で相当額

- 特別の行為（訴訟、調停、遺産分割、不動産の任意売却、不動産の賃貸管理等）をした場合
  →相当額

12

医療費・介護費の負担を軽減する制度

医療費の自己負担割合

医療費の自己負担割合は収入によって決まります。後期高齢者で課税所得が145万円未満（収入の目安として被保険者が1人の場合で383万円未満、被保険者が2人以上の場合で520万円未満）の人は、医療費の自己負担が1割です。しかし、同居する後期高齢者の課税所得が145万円を超える場合、自己負担は3割になります。課税所得は、年金などの控除後の金額です。自己負担割合は毎年8月1日に変わります。前年度は3割負担でも、収入が減れば1割負担になることがあります。

医療費負担を軽減する制度

高額療養費制度では、1か月単位で自己負担額が一定額（自己負担限度額）を超えると、その超えた金額が支給されます。さらに、**高額介護サービス費制度**では、同世帯の利用者が1か月に支払った介護サービス費の自己負担額が一定金額を超えた場合、超えた分が支給されます。自費で支払った部分も医療費控除、高額医療費が適応されますが申請が必要です。

高額医療・高額介護合算療養費制度は8月1日から翌年7月31日までの1年間にかかった公的医療保険、介護保険で支払った金額について、それぞれの自己負担の合計額が一定額を超えた場合、両保険から自己負担額の比率に応じてその差額が各保険者から支給される制度です。**同一世帯で同じ公的医療保険に加入していれば合算できます。**

各制度の自己負担限度額の計算は複雑なので、病院の**医療相談室**のソーシャルワーカーなどに相談してください。

医療費負担を軽減する制度の例　図

制度・サービス名	簡単な説明	相談・申請窓口
高額療養費制度	1か月（定月）の医療費が一定額を超えた場合、差額を給付する	加入している医療保険
高額介護サービス費制度	1か月あたりの介護サービス費が上限額を超えたときに、超過分を給付する	お住まいの市区町村担当課（介護保険課など）
高額医療・高額介護合算療養費制度	1年間に支出した高額療養費と高額介護サービス費の合算額が一定額を超えた場合、差額を給付する	加入している医療保険、お住まいの市区町村担当課（介護保険担当）
自立支援医療制度（精神通院医療）	精神障害のある方の通院医療費の一部助成	通院中の医療機関、お住まいの市区町村担当課（障害福祉課など）

高額療養費制度の自己負担限度額

自己負担限度額

| 一部負担 3割 | 保険給付 |

「一部負担」が「自己負担限度額」に達していなければ、高額療養費は支払われません

保険から支払われる

| 一部負担 3割 | 保険給付 |

「一部負担」が「自己負担限度額」を上回ると、その分が高額療養費の対象となります

COLUMN　医療費控除

その年の1月1日から12月31日までの間に、自己または自己と生計を一にする配偶者やそのほかの親族のために医療費を支払った場合において、その支払った医療費が一定額を超えるときに受けられる所得控除制度です。確定申告書と医療費控除の明細を税務署に提出することで、申請者は還付金を受け取ることができます。

13 失業や休職、就労支援に対する制度

▶ 就労中に使う制度・相談窓口

　雇用支援にはさまざまな方法がありますが、若年認知症の人の場合は、まずは**現在の職場で続けて働くことを考えることが重要**です。職場の上司や人事担当者、産業医の理解を得て、配置転換や障害者雇用の可能性も検討します。やむをえず退職する場合は、退職後の医療保険、受け取れる給付についても相談します。

　傷病手当金は、健康保険に加入している方が、病気やけがで仕事を休んだ場合に支給される現金給付です。申請窓口は、会社の総務や人事などの担当課、協会けんぽ各支部、年金事務所内の協会けんぽ窓口です。

　地域障害者職業センターは、専門性の高い就労支援を提供しています。障害者手帳の有無は問わず、**職業評価**や**ジョブコーチ支援**、**職場復帰支援**などを行っています。

▶ 退職後や再雇用を検討したときに利用できる制度・相談窓口

　退職後に利用できる支援や制度には、雇用保険や国民年金、健康保険があります。

　失業給付の受給期間は、離職の理由や被保険者であった期間によって決定されます。

　健康保険は任意継続、国民健康保険への切り替え、家族の健康保険に加入のいずれかを選択することができます。

　再就職や職場定着のための支援は、**ハローワーク**（公共職業安定所）や**障害者就業・生活支援センター**、**地域障害者就業センター**、**就労定着支援事業所**などで行っています。障害者総合支援法に基づく就労系障害福祉サービスには、**就労移行支援**、**就労継続支援Ａ型／Ｂ型**、**就労定着支援**の4つがあります。また、福祉的就労には、就労継続支援Ａ型／Ｂ型事業所、地域活動支援センターがあります。

失業や休職、就労に対する制度・サービスの一例 図

相談・申請窓口	支援内容
ハローワーク（公共職業安定所）	就職する希望を持つすべての者に対する職業相談・職業紹介や職業訓練、雇用保険関係業務等を実施する
会社の総務・人事などの担当課、会社の産業医	障害者の雇用支援、休職に関する傷病手当金などの相談・申請
独立行政法人高齢・障害・求職者雇用支援機構（JEED）	高齢者の雇用の確保、障害者の職業的自立の推進、求職者その他労働者の職業能力の開発および向上のために、高齢者、障害者、求職者、事業主等に対して総合的な支援を行う
地域障害者職業センター	障害者に対する専門的な職業リハビリテーションサービス、事業主に対する障害者の雇用管理に関する相談・援助、地域の関係機関に対する助言・援助を行う
全国健康保険協会（協会けんぽ）	療養の給付、限度額適用認定、高額療養費、休職に関する傷病手当金、療養費などの相談・申請
行政窓口障害福祉担当課、障害者相談支援事業所	障害者やその家族からの相談を受け、相談支援専門員が情報提供や助言、福祉サービスや社会資源の利用、権利擁護のために必要な援助を行う

COLUMN

若年性認知症支援コーディネーター

　65歳未満で発症する若年性認知症に関する情報は大変少ないため、地域独自の資源を当事者や家族に提供する人です。専門医療機関を案内したり、就労支援に関する支援、利用できる制度・サービスの情報提供、本人・家族が交流できる場づくりを行っています。

若年性認知症支援コーディネーターの主な役割

医療機関	社会保障（経済的な援助）	サービス受給	金銭管理等	就労支援
主治医と連携して日常生活について助言する認知症サポート医などの情報を提供する	医療費助成や障害年金など、各種社会保障の情報提供をするとともに、手続きを支援する	地域で利用できるサービス（社会資源）の情報を提供し、利用の手続きについて助言する	財産管理や福祉サービス等の手続きの相談に応じる	職場との調整や再就職について助言する

第1章 認知症の原因 疾患と症状
第2章 認知症の診察・検査・診断・治療
第3章 認知症の人を支える人たち
第4章 認知症の人を支える 制度・サービス
第5章 認知症の人の生活課題と解決策
第6章 制度・サービスの活用事例
第7章 キーワードで学ぶ これからの認知症ケア

14

自立支援医療制度
（精神通院医療）

▶ 自立支援医療とは

自立支援医療（精神通院医療）は、通院による精神医療を続ける必要がある方の通院医療の自己負担を軽減するための**公費負担医療制度**です。通院による治療を続ける必要がある方が対象となります。

一般の方であれば、公的医療保険で3割の医療費を負担しているところが1割に軽減されます。また、この1割の負担が過大なものとならないように、さらに1か月あたりの負担には世帯の所得に応じて上限を設けています（「世帯」とは通院される人と同じ健康保険などの公的医療保険に加入する方）。

認知症疾患は自立支援医療制度の対象となります。認知症に起因した病態に対して行われた外来、外来での投薬、医療保険による訪問看護等が対象となります。認知症疾患の場合は重度かつ継続に該当するため、経済的負担の軽減が受けられる可能性があります。

現在、高齢者においても所得によっては患者負担額は市町村民税額で決まります。生活保護世帯にはもともと医療費の自己負担はありませんが、精神通院医療優先の原則から申請を求められることがあります。

▶ 訪問看護を利用する際の注意点

要介護認定を受けた認知症の人が訪問看護を利用する場合、通常、介護保険利用による訪問看護を受けることになるため、自立支援医療制度の医療費軽減に含まれないことに注意が必要です（介護保険優先の原則）。また、主たる病名に認知症以外のうつ病や統合失調症、知的障害、内部障害などが併存している場合は、自立支援医療にどの疾患が含まれるか、病院や診療所の主治医やソーシャルワーカーなどに確認するとよいでしょう。

自立支援医療制度の月額自己負担額 図

所得区分		月額の負担上限	重度かつ継続	世帯所得	
一定所得以上		対象外	2万円※	市町村民税23万5000円以上	
中間所得	中間所得2	高額療養費の限度額	1万円	市町村民税課税以上23万5000円未満	市町村民税3万3000円以上23万5000円未満
	中間所得1		5000円		市町村民税課税以上3万3000円未満
低所得2		5000円	5000円	市町村民税非課税（本人収入が80万1円以上）	
低所得1		2500円	2500円	市町村民税非課税（本人収入が80万円以下）	
生活保護		0円	0円	生活保護世帯	

※自己負担上限額は2024年3月末までの経過措置

【月額医療費の負担イメージ】＊医療保険加入者（生活保護世帯を除く）

医療保険（7割）	自立支援医療費（月額医療費－医療保険－患者負担）	患者負担（1割又は負担上限額）

精神通院医療の「重度かつ継続（高額治療継続者）」の範囲は、以下の(1)～(3)のどれかに該当した場合です。

(1) 医療保険の多数該当の方

(2) ICD-10（国際疾病分類）において次の分類に該当する方

　　F0症状性を含む器質性精神障害（認知症などの脳機能障害）

　　F1精神作用物質使用による精神及び行動の障害（依存症など）

　　F2統合失調症、統合失調症型障害及び妄想性障害

　　F3気分障害（躁うつ病、うつ病など）

　　G40てんかん

(3) 3年以上の精神医療の経験を有する医師により、以下の症状を示す精神障害のため計画的集中的な通院医療（状態の維持、悪化予防のための医療を含む）を継続的に要すると診断された方として、認定を受けた方

15 精神障害者保健福祉手帳、障害年金

精神障害者保健福祉手帳

精神障害者保健福祉手帳は、精神障害の認定を受けた人に支援を提供するための制度です。対象は長期間日常生活や社会生活に制約がある人で、統合失調症やうつ病、てんかん、薬物依存症などが含まれます。知的障害のみの場合は対象外です。

手帳は1級から3級まであり、日常生活の困難さによって等級が決まります。**手帳を持つと、公共料金の割引やNHK受信料の減免、税金の控除などが受けられます。**地域や事業者によっては、交通運賃の割引や携帯電話料金の割引などのサービスが提供されることもあります。

申請は市町村の窓口で行います。**精神障害の初診から6か月以上経過していることが必要です。**審査を経て手帳が交付され、有効期間は2年です。更新時に再度認定を受ける必要があります。

障害年金

障害年金は、病気やけがなどの障害によって働くことができなくなったり、日常生活に大きな支障が出た場合に定期的に支給される現金給付です。**対象となるのは65歳未満に初診で受診した病気・けがに限られるため、若年性認知症の人が支給の対象となることがあります。**

初診日に厚生年金保険に加入していた人は、年金を受けら取れるようになったとき、障害基礎年金と障害厚生年金の両方を受け取ることができます（このほか老齢厚生年金＋老齢基礎年金、老齢厚生年金＋障害基礎年金のいずれかの組み合わせを選択できます）。それ以外の人は障害基礎年金を受け取ることができます。

精神障害者保健福祉手帳の内容

項目	内容
対象となる精神障害	認知症のほかに、統合失調症、うつ病、躁うつ病などの気分障害、てんかん、薬物依存症、高次脳機能障害、発達障害（自閉症、学習障害、注意欠陥多動性障害等）、ストレス関連障害等
手帳の等級	1級：精神障害であって、日常生活の用を弁ずることを不能ならしめる程度のもの 2級：精神障害であって、日常生活が著しい制限を受けるか、または日常生活に著しい制限を加えることを必要とする程度のもの 3級：精神障害であって、日常生活もしくは社会生活が制限を受けるか、または日常生活もしくは社会生活に制限を加えることを必要とする程度のもの
受けられるサービス	公共料金割引、NHK受信料減免、税金控除・減免、自動車税軽減、福祉手当、通所交通費助成、公営住宅優先入居等
申請方法	市町村の担当窓口で申請、必要書類：申請書、診断書（または障害年金証書等の写し）、本人の写真
手帳の有効期間	交付日から2年が経過する日の属する月の末日、2年ごとに更新手続きが必要
精神障害者保健福祉手帳を持つメリット	不利益は生じない、障害が軽減すれば手帳を返せる、各種の割引やサービスを受けることができる

障害基礎年金の受給要件

①初診日が65歳未満

65歳未満

または、初診日の属する月の前々月からさかのぼって直近1年間に「未納」がない

受給可

②障害認定基準に該当する障害を負っている

③保険料の「未納」が本来納めるべき期間の3分の1を下回っている

16

介護休業、介護休暇

介護休業

介護休業は、要介護認定を受けた家族を介護するために労働者が会社を一時的に休業できる制度であり、**労働者が仕事と介護の両立を可能にするために導入されました。**介護施設に入居するための準備や自宅のリフォーム、遠方に住む家族の介護などのときに利用します。多くの場合、その間は無給になりますが、**介護休業給付**を受けることができます。

なお、休業期間中も社会保険料の納付は続ける必要があります。通常は会社が社会保険料の半分を負担しますが、休業期間中の社会保険料の扱いは会社によって異なります。全額会社が負担する場合や、会社が先に納付した後で労働者と精算する場合など、さまざまな対応があります。

介護休業給付を受けるためには、介護休業の開始前の2年間に雇用保険に12か月以上加入していることが必要です。また、給付金の受給期間には制限があり、介護休業終了日の翌日から2か月後の月末までとされています。したがって、この間に給付金の申請を行う必要があります。

介護休暇

「育児・介護休業法」に基づく**介護休暇**は、雇用期間が6か月以上で、要介護状態の家族を介護する人が対象となる制度で、通常の年次有給休暇とは別に、**対象となる家族1人につき1年間につき最大5日まで取得することができます。**当日の申請も可能ですが、会社によって運用が異なるので確認してください。なお、介護休暇は年次有給休暇とは異なり、事業主に賃金支払い義務はありません。

介護休業、介護休暇の概要 図

介護休業制度および介護休業給付金の概要

項目	内容
介護休業制度の概要	会社を休業し、要介護認定を受けた家族を介護できる制度。休業期間は対象家族1人につき最大3回、通算93日まで（分割して取得可）。休業中も社会保険料は免除されない
介護休業給付金対象	2週間以上の常時介護が必要な家族を介護する休業。事業主に申し出を行い、実際に取得した休業。※93日を限度に3回まで
介護休業給付額の目安	賃金（日額） ✕ 休業日数（最大93日） ✕ 67% ＝ 給付額 休業開始時賃金日額×支給日数×67%
受給要件	介護休業開始前2年間の被保険者期間が12か月以上 ※有期雇用労働者は別途要件
有期雇用労働者の要件	労働契約が介護休業開始後の6か月間満了しないこと
申請手続	原則として事業主経由で申請。本人による申請も可能
期間中の就労	1支給単位期間で就労日数が10日以下であれば支給対象 ※休業開始時賃金日額×支給日数の80%以上の賃金が支払われた場合、給付額は0円。 　80%未満の場合でも収入額に応じて減額される可能性がある

「介護休暇」と「介護休業」の違い

	介護休暇	介護休業
目的	突発的、短期的な介護・世話のための休暇	生活環境の大きな変化への対応や数週間にわたる長期的な介護のための休暇
主な取得条件	入社から6か月以上経っていること	・入社から1年以上経っていること ・申請してから93日以内に退職しないこと
期間	対象家族1人につき1年に5日（2人以上なら10日） ※1時間単位での取得も可能	対象家族1人につき93日 ※3回まで分割取得も可能
対象家族	・配偶者（事実婚でも可）　・父母（養父母を含む） ・子（養子を含む）　・配偶者の父母（義父母を含む） ・祖父母、兄弟姉妹、孫	・配偶者（事実婚でも可）　・父母（養父母を含む） ・子（養子を含む）　・配偶者の父母（義父母を含む） ・祖父母、兄弟姉妹、孫
給料・手当	・給料の有無は会社による ・給付金はなし	・給料は無給の会社が多い ・介護休業給付金がもらえる

17

インフォーマル
サービス

▶ 家族や当事者同士の支えも含まれる

　介護保険や医療保険のように、社会保障制度に基づいて提供されるサービスをフォーマルサービスというのに対し、**家族、友人、近隣住民、ボランティアなどの非専門家によって提供されるものをインフォーマルサービス**といいます。

　たとえば、一人暮らしの親を日曜日だけ息子がみることや、近所の友人・知人が犬の散歩をしながら声をかけること、高齢者（当事者）同士が毎日同じカフェで朝食をとりながら安否確認をすることもインフォーマルサービスといえます。こうした**ピアサポート**の重要性が認識されるようになってきました。

▶ 多種多様なインフォーマルサービス

　NPO法人や地域のボランティアグループ、生協などが提供するサービスも含まれます。高齢者の見守り支援、安否確認、宅食（食事の宅配サービス）、外出の付き添い、話し相手、ゴミ出しサービスなどがあります。

　宅老所のような泊まりで高齢者を預かるサービスや認知症カフェ、高齢者を対象としたサロンや食事会なども増えています。これらのサービスには無料のものもあれば、低価格で提供される有償ボランティアもあります。

　認知症の人と家族の会や**日本認知症本人ワーキンググループ**のような、当事者や家族が主体となって情報交換したり、支え合う会も大切な社会資源の一つです。

インフォーマルサービスの一例 図

インフォーマルサービス	内容
配食サービス	一般施策として提供される、高齢者向けの配食サービス
寝具乾燥サービス	市町村が提供する、寝具の乾燥・消毒サービス
見守り	当該地域の住民が自主的に行う、高齢者の見守り
会食	当該地域の住民が自主的に行う、高齢者の会食
有償ボランティア	低価格で高齢者の家事や買い物代行などのサポートを提供する有償ボランティア
民生委員等の活動	生活保護や児童虐待など、地域住民の生活相談に対応する民生委員等の活動
町内会等の活動	街頭防犯やイベントの開催など、地域住民が協力して行う活動
認知症の人と家族の会	「つどい」「会報」「電話相談」の3本柱の活動を進めるとともに、認知症への理解を広める啓発活動や行政への要望や提言も行っている
認知症カフェ	認知症の人やその家族、地域住民が集い、情報交換や交流を通じて認知症について学び、支え合う場所となるカフェ形式の集まり
日本認知症本人ワーキンググループ（JDWG）	認知症とともに生きる人同士が、出会い、つながり、仲間になることを大切にし、認知症の本人自身が主体的に活動するために立ち上げられた団体

第1章 認知症の原因疾患と症状

第2章 認知症の診察（検査）・診断・治療

第3章 認知症の人を支える人たち

第4章 認知症の人を支える制度・サービス

第5章 認知症の人の生活課題と解決策

第6章 制度・サービスの活用事例

第7章 キーワードで学ぶこれからの認知症ケア

第4章 参考文献

- 「ケアマネジャー」編集部編、福島敏之著『ケアマネ・相談援助職必携 現場で役立つ！ 社会保障制度活用ガイド2023年版』中央法規、2023年
- 国税庁No.1120 医療費を支払ったとき（医療費控除）
  https://www.nta.go.jp/taxes/shiraberu/taxanswer/shotoku/1120.htm
- 日本認知症本人ワーキンググループ
  http://www.jdwg.org/

認知症の人の
生活課題と
解決策

01

栄養・食事の課題と制度・サービス

▶ 高齢者の食の特徴

　高齢者は加齢に伴って食事量が減少し、栄養バランスが偏りやすくなるという課題があります。また、歯の問題によって食事が咀嚼しにくくなる場合もあります。これらの理由から、栄養不足となり、認知機能低下のリスクが高まります。特に、一人暮らしの高齢者は孤食になりやすく、同居の家族がいても高齢化している世帯では、栄養バランスに配慮した食事の準備が難しくなるため、栄養不足になりがちです。

▶ 認知症の人への配慮

　こうした高齢者の特徴に加えて、認知症のある人は食欲不振になっても周囲が気づかないことがあります。食欲不振（や食欲増加）の原因に薬が影響していることがあります。また、便秘は高齢者によくみられ、食欲不振につながることがあります。**特にレビー小体型認知症では便秘が頻繁に発生します。**

　このように、さまざまな理由で栄養面や食事面の課題が生じるので、**食事のための環境整備が重要**です。たとえば、歯科医師との連携を図ったり、訪問リハビリテーションや管理栄養士から食事指導を受けたり、訪問介護サービスを利用するのもよいでしょう。

　また、食事をする場の雰囲気、個人の好みや食文化、食事の形態、食器や盛りつけにも配慮して、食欲を刺激することも必要です。こうした取り組みにより、食べる楽しみを思い出してもらいましょう。さらに、食事の栄養バランスや個々の状況に応じて、嚥下障害や食物アレルギーなどへの特別な配慮も必要となります。

食に関する課題と解決策 図

食事の準備の問題

原因	解決策	支援者
・自分で調理できなくなる ・準備してくれていた人との離別・死別	・調理できるように方法を工夫する ・食事を提供してくれる人・サービスを導入する ・地域の集まり	・かかりつけ医 ・地域包括支援センター職員 ・介護職 ・看護職 ・作業療法士

食事の時間、食べ方の問題

原因	解決策	支援者
・時間の見当識障害 ・失認・失行	・原因を探る ・食事の時間に支援に入る ・宅配弁当を利用する	・介護職 ・看護師 ・作業療法士 ・ケアマネジャー

食べない

原因	解決策	支援者
・身体機能の低下 ・脱水 ・便秘 ・うつ状態 ・薬剤の影響 ・嗜好の変化	・身体症状の評価 ・精神面の評価 ・栄養状態、食事の評価	・かかりつけ医 ・看護師 ・精神科医 ・管理栄養士

摂食機能の低下

原因	解決策	支援者
・歯や入れ歯の問題 ・咀嚼の問題 ・嚥下に関する問題 ・呼吸機能に関する問題	・口腔機能の評価、治療 ・嚥下機能の評価、治療 ・口腔内の清潔保持 ・食事形態の検討	・歯科医師 ・歯科衛生士 ・医師 ・看護師 ・管理栄養士

制度・サービス

民間・非営利団体	・食の支援サービス(配食サービス、宅配弁当) ・食事会への参加(だれでも食堂)
介護保険	・訪問看護　・訪問リハビリテーション ・訪問介護　・定期巡回・随時対応型訪問介護看護 ・(看)小規模多機能型居宅介護　・居宅療養管理指導
医療保険	・訪問診療　・総合病院での精査

02

排泄の課題と制度・サービス

　排泄は、すべての人が毎日何度も行うことです。認知機能障害が起こると、さまざまな理由で排泄に困難が生じます。排泄の失敗は、羞恥心や当惑の感情につながり、心理的苦痛、依存、および健康状態悪化の悪循環につながる可能性があります。**認知症の人の心情や羞恥心に配慮しながら対応することが必要**となってきます。

▶ 便秘への対応

　排泄のトラブルで頻度が高いのは尿失禁や尿閉、便秘です。特に便秘では、腹部の膨満から食欲不振が起こったり、怒りっぽくなる、意欲がなくなるなどの周辺症状が起こることがあります。また、**レビー小体型認知症やパーキンソン病などがある場合は、腸管自体の蠕動運動の減少が原因で便秘になっている可能性**があります。

　便秘への対応では、まず原因疾患を確認します。便に血が混じる場合は特に注意が必要で、**大腸がんやポリープが腸管をふさいでいることもあります**。次に水分摂取や食物繊維などの摂取不足を疑います。この場合は、摂取量を確認すると同時に、体重減少が年単位で起こっていないかも確認する必要があります。水分摂取量については、原因疾患や腎臓疾患などが原因の場合もあるので主治医に確認が必要です。また、食物繊維の多い寒天やおから、ヨーグルトなどの乳製品の摂取をすすめることもあります。薬剤では、従来からあるセンノシドや**酸化マグネシウム**、漢方なども用いますが、最近では小腸での水分吸収を減らして便を軟らかくする薬剤も使用できるようになりました。

　いきむことが難しくなっている高齢者の場合は、直腸に便が長く滞留し、硬くなっていることも多く（嵌入便）、看護師による摘便が必要な場合もあります。硬い便が取り除かれたところで、便性状の安定化を図ります。

排泄困難

原因	解決策	支援者
・便秘 ・下痢 ・薬の副作用 ・尿失禁 ・前立腺肥大 ・神経因性膀胱	・水分をきちんととる ・食事内容の確認 ・乳糖不耐症などを確認 ・薬の内容の確認 ・便器の改修(和式→洋式)	・かかりつけ医 ・看護師 ・家族 ・介護職 ・作業療法士

トイレの場所・利用法

原因	解決策	支援者
・場所の見当識障害 ・失認・失行	・わかりやすく表示 ・明るくする(電気をつけておく) ・動線を短くする ・動作の支援方法を示す ・自宅の改修	・かかりつけ医 ・看護師 ・作業療法士 ・介護職

排泄への抵抗感

原因	解決策	支援者
・プライバシーへの懸念 ・失敗を隠そうとする	・同性介助 ・少人数でのケア ・本人の羞恥心を尊重 ・プライバシーの確保 ・自宅の改修	・かかりつけ医 ・看護師 ・介護職 ・家族

身体的要因

原因	解決策	支援者
・排泄感覚の障害 ・体力・筋力の問題 ・行為を忘れる ・他疾患の合併	・定期的な排泄の促し ・筋力訓練 ・歩行訓練 ・医師に相談 ・自宅の改修	・かかりつけ医 ・看護師 ・介護職 ・家族

制度・サービス

民間・非営利団体	・見守りによる水分摂取　・食事摂取の促し
介護保険	・訪問看護による排泄処置、アドバイス ・訪問リハビリテーションによる動作確認 ・訪問介護　・定期巡回・随時対応型訪問介護看護 ・(看護)小規模多機能型居宅介護　・居宅療養管理指導 ・デイサービス　・ショートステイ
医療保険	・訪問診療　・専門医受診　・薬の見直し

03

入浴の課題と
制度・サービス

　認知症の人は認知機能の低下により、お風呂に入ること自体を嫌がったり、入浴動作ができなくなったりすることがあります。背もたれのついた風呂用のいすや手すりを使うことで、入浴動作を楽にできるように支援することが大切です。また、滑りにくいマットを敷いたり、個浴を行って転倒を防止することも重要です。さらに、風呂場での血圧の変動や失神を防ぐために、シャワーを使う場合でも浴槽にお湯をためて浴室を温めたり、**入浴前に水分補給を行うことも必要**です。

▶ 障害に応じた入浴支援が重要

　言語機能が低下した人への入浴支援には、視覚的な支援が効果的です。たとえば、入浴するための手順をわかりやすい図や写真で示すことで、理解を助けることができます。入浴する前に脱衣所や浴室を紹介し、説明をすることで不安を和らげることができます。

　言語機能が低下しても、声のトーンや表情など、非言語的な情報を通じて感情を理解できることが多いです。また、優しい声かけや穏やかな表情はストレスを軽減し、安心感を与えることができます。

　入浴中には、ゆっくりとしたペースで声をかけ、一つひとつの動作をわかりやすく伝えることが大切です。慣れ親しんだ言葉で、繰り返し言葉をかけることを心がけましょう。また、音楽を流すことで、リラックス効果をもたらすこともできます。

　入浴が難しい場合には、身体をタオルで拭くことでコミュニケーションをとることもできます。入浴中の表情や身体の反応を見ながら、適切な支援を行うことが求められます。

入浴の課題と解決策 図

排泄・ハラスメント・入浴を嫌がる

原因	解決策	支援者
・便失禁 ・前頭葉機能低下 ・脱抑制	・入浴前に排泄する ・同性介助にする ・個浴にする ・シャワー浴にする ・足浴や清拭から始める ・友人と温泉に行く ・専門職による入浴支援を受ける	・介護職 ・看護師 ・作業療法士

お風呂！

入浴行為ができない

原因	解決策	支援者
・手順がわからない ・更衣の途中でわからなくなる（失行） ・指示が理解できない（失語） ・実行機能低下	・一つひとつの動作を分解して指示する ・できないステップを介助する ・行為を見せる（パントマイム）	・かかりつけ医 ・看護師 ・作業療法士 ・介護職

身体的な問題

原因	解決策	支援者
・意識を失う（失神） ・自律神経障害 ・体力がない（フレイルなど）	・バイタルチェック ・リフト浴 ・個浴の徹底 ・自宅の改善（手すりを付ける）	・かかりつけ医 ・看護師 ・作業療法士 ・介護職 ・福祉用具専門員

恐怖感

原因	解決策	支援者
・視覚的に恐怖を感じる ・視覚認知障害 ・錯視	・入浴場所を明るくする ・シャワーですます ・デイサービス等を利用する	・かかりつけ医 ・看護師 ・作業療法士 ・介護職

制度・サービス

民間・非営利団体	・銭湯介助サービス
介護保険	・訪問看護、訪問リハビリテーションによる動作確認 ・訪問入浴サービス ・（看護）小規模多機能型居宅介護 ・デイサービス　・ショートステイ
医療保険	・かかりつけ医・訪問診療・専門医によるアドバイス

注：溺水予防のため、風呂の湯のため置きは控えましょう。

第1章 認知症の原因─疾患と症状
第2章 認知症の診断・治療
第3章 認知症の人を支える人たち
第4章 認知症の人を支える制度・サービス
第5章 認知症の人の生活課題と解決策
第6章 制度・サービスの活用事例
第7章 キーワードで学ぶこれからの認知症ケア

04

更衣の課題と
制度・サービス

　更衣には適切な工夫が必要となります。排泄の失敗がある場合には、羞恥心から更衣を拒むことがあります。こうしたときは、**相手の気持ちを理解した丁寧なコミュニケーションが求められます**。また、更衣支援には、相手の性格や好みを把握することも重要です。

▶ 更衣支援のポイント
　更衣を促す際は柔軟にかかわりましょう。同じ服をいつも着たい場合は、同じものを複数購入するなどします。排泄の失敗があるときには「汚れているから着替えよう」と言うだけではなく、手で濡れているところを確認してもらい、排泄の失敗は指摘せずに、何かしらの原因で汚れていると伝えると受け入れられやすくなります。

　家族が行える工夫もあります。選択肢を少なくすることで、選ぶときに困惑することが少なくなります。衣服を着る順番に並べ、一つずつ提供し、短い言葉で伝えます。その人が特に気に入っている服がある場合は、お出掛けに誘うなど、その服を着る機会を設けることも有効です。また、服を脱いでくれない場合は、タイミングを変えると応じてくれることもあります。たとえば、家族が着替えるときに一緒に着替える、外出や就寝などのタイミングに行うのもよいでしょう。

　家族で手助けするのが難しい場合は、訪問看護や訪問リハビリテーション、訪問介護などの自宅で受けられる支援を利用するのも一つの方法です。本人の気持ちに寄り添い、アプローチを変えながらサポートすることが大切です。なお、デイサービスやショートステイを利用できる方の場合は、自宅での更衣にこだわらず、サービス利用のタイミングで着替えるのもよいでしょう。

第1章 認知症の原因 疾患と症状

第2章 認知症の診察（検査）・診断・治療

第3章 認知症の人を支える人たち

第4章 認知症の人を支える制度・サービス

第5章 認知症の人の生活課題と解決策

第6章 制度・サービスの活用事例

第7章 キーワードで学ぶこれからの認知症ケア

着替えようとしない

原因
・着替えたと認識している（記憶障害）
・着替えていることを忘れている（見当識障害）
・億劫になっている（意欲低下）
・臭いがわからない（嗅覚障害）

解決策
・タイミングを計る
・外出の機会をつくる
・通所サービスなどで着替える
・関係性のよい人が誘う

支援者
・かかりつけ医
・専門医
・看護師
・介護職

着替えができない

原因
・ボタンが留められない（失行）
・裏表がわからない（失認）

解決策
・視覚的にわかりやすくマークする
・ステップごとに指示する
・できない行為を手伝う

支援者
・かかりつけ医
・専門医
・看護師
・介護職

同じ服ばかり着る

原因
・こだわりが強い
・着替えたと思い込んでいる（記憶障害）

解決策
・同じ服を何枚も用意する
・外出の機会をつくる
・風呂のときに取り換える
・デイサービス等で着替える

支援者
・かかりつけ医
・専門医
・看護師
・介護職
・作業療法士

手伝いを嫌がる

原因
・羞恥心（心理的罪悪感）
・触られることを嫌がる

解決策
・関係性構築を先にする
・時間をずらす
・関係性のよい人が誘う

支援者
・看護師
・作業療法士
・介護職

制度・サービス

民間・非営利団体	・外出付き添いサービス（外出をきっかけに更衣をする） ・見守りサービス
介護保険	・訪問看護、訪問リハビリテーションによる動作確認 ・（看護）小規模多機能型居宅介護 ・デイサービス　・ショートステイ
医療保険	・かかりつけ医・訪問診療・専門医によるアドバイス

衣服の工夫の一例

ボタンをマジックテープに替える

靴下の裏に滑り止めをつける

袖のボタンをファスナーにする

05

歩行の課題と制度・サービス

■ 病気による歩行障害

　高齢になると、筋力の低下や自律神経障害を起こしやすくなり、運動機会の減少から**フレイル**と呼ばれる状態になることも少なくありません。

　原因疾患によって歩行障害が生じるケースも異なります。アルツハイマー型認知症では進行期までに歩行障害が出ることは少ないものの、道に迷うなどして目的地に到達することが難しくなることがあります。また、血管性認知症では、多発する脳梗塞や脳出血により運動機能やバランスが障害され、歩行障害が発生します。レビー小体型認知症やパーキンソン病のような疾患では、運動のスムーズさを調整する機能が障害されることにより、小刻みな歩行や転倒が多くなります。

■ 歩く機会を増やす

　症状に応じて医師や理学療法士、作業療法士などが歩行障害の評価や対応を行います。視覚認知障害のある人に対しては、歩く場所を明確に言葉で説明し、簡単な誘導をする必要があります。麻痺がある人は、麻痺側に荷重が集中しないように注意が必要です。

　歩行支援のアプローチは多岐にわたります。デイサービスのなかでスタンプラリーを行うなど、活動を通じて歩行を促すと楽しく取り組めます。また、自分の好きなことをしてもらうと歩いてくれることがあります。これらの取り組みは無理なく、作業療法士や介護スタッフと一緒に進めるとよいでしょう。

　重要なのは、各個人に対して**個別のケアプランを作成し、その人に合った歩行支援を提供する**ことです。全員が同じ時間に歩けるわけではないため、散歩に行くタイミングは各人に合わせるべきです。転倒しても安全な環境を整えることも大切です。

身体疾患の問題

原因	解決策	支援者
・糖尿病 ・ビタミン欠乏 ・関節痛 ・皮膚疾患	・疾患の治療	・かかりつけ医 ・専門医 ・看護師 ・薬剤師

歩行動作の障害

原因	解決策	支援者
・パーキンソン症状（レビー小体型認知症） ・中枢性麻痺（脳卒中など） ・たどたどしくなる（正常圧水頭症など） ・体力がない（フレイル、ALS、筋疾患、脊髄疾患など）	・薬剤治療を行う ・進行予防、リハビリを行う ・補助具の使用	・かかりつけ医 ・専門医 ・看護師 ・薬剤師 ・ケアマネジャー ・福祉用具専門相談員

転倒リスク

原因	解決策	支援者
・薬剤（抗ヒスタミン薬、多剤併用） ・フレイル ・小刻み歩行（レビー小体型認知症） ・麻痺（脳卒中）	・薬剤の変更、減薬 ・リハビリ ・補助具の使用	・かかりつけ医 ・専門医 ・看護師 ・薬剤師 ・福祉用具専門相談員 ・介護職

目的地の問題

原因	解決策	支援者
・目的地にたどり着けない、目的地から帰れない（地誌失認、視覚認知障害、記憶障害、見当識障害） ・同じ場所を歩く（前頭葉機能低下） ・不適切な時間に歩く（見当識障害）	・GPSを付ける ・一緒に歩く ・日中の活動量を増やす	・かかりつけ医 ・専門医 ・看護師 ・薬剤師 ・ケアマネジャー ・福祉用具専門相談員 ・介護職

制度・サービス

民間・非営利団体	・外出・付き添いサービス（歩行時の安全支援）
介護保険	・訪問介護による買い物同行 ・訪問看護、訪問リハビリテーションによる動作確認 ・（看護）小規模多機能型居宅介護 ・デイサービス
医療保険	・かかりつけ医・訪問診療・専門医によるアドバイス

第1章　認知症の原因　疾患と症状
第2章　認知症の診察（検査）・診断・治療
第3章　認知症の人を支える人たち
第4章　認知症の人を支える制度・サービス
第5章　認知症の人の生活課題と解決策
第6章　制度・サービスの活用事例
第7章　キーワードで学ぶこれからの認知症ケア

06

服薬の課題と
制度・サービス

　認知症の人の日常生活において、服薬管理は重要な課題になります。特に複数の薬を同時に服用しなければならない場合、適切な服薬が困難になることがあります。適切な服薬ができるように支援するためには、まず、**薬に関する情報の整理が必要**です。主治医と密に連絡をとり、本人の服薬状況を報告することが大切です。また、可能であれば投薬の種類を減らし、薬の服用イメージの改善を図ることも有効です。

　次に、**1日の服薬回数を減らすことが重要**です。食前・食後にかかわらず服用可能な薬剤の選択や、日付が印字された薬袋の利用により、スムーズな服薬支援が可能となります。認知症の人は薬を服用することを忘れたり、服薬したことを忘れてしまうリスクが高くなります。**日めくりカレンダー**や**お薬カレンダー**を利用し、薬袋を保管する場所を設定することが推奨されています。さらに、服薬時の症状や変化を記録し、かかりつけ医に報告することも必要です。デイサービスなどでも記録を残すことが可能です。

制度・サービスの活用

　高齢者や通院が困難な人には、かかりつけ薬局が提供する**居宅療養管理指導**が有効です。薬剤師が薬を自宅に配送し、服用方法や飲み忘れの確認を行います。また、お薬カレンダーの作成や副作用の確認、薬の種類の見直しも行われます。特に認知症の人にとって、服薬の支援は生活の質（QOL）を高め、健康状態を維持するうえで重要です。医療機関や薬局、介護サービスと連携し、適切なサービスを活用することで、服薬の管理を円滑に行うことが可能となります。

服薬の課題と解決策 図

服薬の困難

原因
- シートを開けられない（失行）
- 印字が読めない（視力低下、失認）
- 粒が大きくて飲めない（嚥下困難）
- 粉薬が飲めない（嚥下困難）
- 飲み込みができない（嚥下困難）

解決策
- 一包化する
- 薬の形状を変更する

支援者
- かかりつけ医
- 専門医
- 薬剤師
- 看護師

服薬を忘れる

原因
- 薬を飲むのを忘れる（記憶障害）
- 特定の時間に忘れる（見当識障害など）

解決策
- 服薬カレンダーの利用
- タイマーの活用

支援者
- かかりつけ医
- 専門医
- 薬剤師
- 看護師

薬に関する理解がない

原因
- 薬が何かわからない（失認）
- 薬を毎日飲むことがわからない
- 通院できない
- 薬を取りに行けない

解決策
- 薬の必要性を説明
- 訪問診療の利用
- 薬剤師の訪問

支援者
- かかりつけ医
- 専門医
- 薬剤師
- 看護師

副作用

原因
- 複数医療機関を受診
- 不定愁訴が多い
- 認知機能を低下させる薬剤
- 体組成の変化によって副作用が出現（加齢、運動不足、病気、ライフスタイルなどの変化）
- 肝腎機能障害

解決策
- 訪問診療の活用
- 訪問看護や訪問薬剤師に相談する
- 医師や薬剤師に相談する
- かかりつけ医療機関をもつ
- 心理的支援の導入　・減薬　・複数の薬を一包化する
- 減薬の相談　・週1回の薬に変更する
- お薬カレンダーなどを活用する

支援者
- かかりつけ医
- 専門医
- 薬剤師
- 看護師

制度・サービス

民間・非営利団体
- 見守りサービス・まごころサポートなど
- IoT機器によるリマインド機能

介護保険
- 薬剤師による服薬状況確認（居宅療養管理指導）
- 服薬支援ロボットのレンタル（居宅療養管理指導）
- 訪問介護
- 訪問看護、訪問リハビリテーションによる服薬状況確認
- （看護）小規模多機能型居宅介護による「訪問」

医療保険
- かかりつけ医・訪問診療・専門医によるアドバイス

第1章 認知症の原因 疾患と症状
第2章 認知症の診断・治療 診断・検査
第3章 認知症の人を支える人たち
第4章 認知症の人を支える 制度・サービス
第5章 認知症の人の生活課題と解決策
第6章 制度・サービスの活用事例
第7章 キーワードで学ぶ これからの認知症ケア

07

環境調整の課題と
制度・サービス

　生活環境を調整することは、QOL を大きく向上させ、その人が自分らしく、安心して生活することを実現します。**環境調整の主なポイントは、明るさ、音、動線、標識、バリアフリー、高断熱、そして周囲とのつながりを維持すること**です。

▶ 認知症の人にやさしいデザインを取り入れる

　照明の色や明るさに注意をすると、錯視や幻視を減らすことができます。また、適切な音量と心地よい音は、落ち着いた気分や安心感を生み出します。なじみのある音楽は、認知症の人にとって非常に有用なリラクゼーションツールになります。もちろん不必要な雑音は避けましょう。

　室内の動線を見直すことで、より安全に移動することができます。また、標識は特に重要です。たとえばトイレの場所を示す標識の高さや大きさを工夫することで、認知症の人がトイレの場所を認識しやすくなります。

▶ リフォームでバリアフリー設計にする

　認知症の人の認知機能を維持するためには環境を変えないことが重要です。一方で、失行や失認、視覚認知障害やフレイルにより、小さな段差でも転倒などの危険を伴う可能性があります。その場合は、住宅をバリアフリーにリフォームすることで移動しやすく、日常生活を安全に過ごしやすくなります。また、高断熱性の設計は、適切な室内温度を保ち、快適さとエネルギー効率を向上させます。さらに、近年の技術進歩により、AI を補助ツールとして活用することも介護の環境整備として期待されています。

バリアフリーの問題

原因	解決策	支援者
・歩行の障害（パーキンソン症状） ・麻痺（脳血管障害） ・整形外科疾患（関節症・骨折） ・物が多い、コントラストの問題（生活空間）	・段差をなくす ・引き戸にする ・物を整理して動線を確保する	・かかりつけ医 ・専門医 ・作業療法士 ・福祉用具相談員 ・福祉住環境コーディネーター ・介護職

環境の理解困難

原因	解決策	支援者
・物が認識できない（失認） ・文字が理解できない（失語） ・標識が読めない（視覚情報処理の問題） ・記憶ができない（記憶障害） ・物を誤認する（錯視・パレイドリア）	・環境をシンプルにする ・指示やサインをわかりやすくする	・かかりつけ医 ・専門医 ・看護師 ・作業療法士

環境変化への適応の問題

原因	解決策	支援者
・転居（子世代と同居） ・施設入所 ・長生きによる孤立（知り合いがいなくなる） ・単身独居（パートナーとの離別・死別）	・自宅で受けられるサービスを利用する ・安全を確保した自宅にリフォームする	・看護師 ・作業療法士 ・福祉住環境コーディネーター ・ケアマネジャー ・作業療法士 ・地域包括支援センター職員

音や光に関する問題

原因	解決策	支援者
・大きな音や強い光に敏感になる（感覚過敏） ・難聴や視覚障害（感覚器の障害）	・本人の不快な感覚を取り除く ・耳垢の確認、補聴器や拡声器を利用（耳鼻科） ・眼鏡や虫眼鏡を利用（眼科）	・かかりつけ医 ・専門医 ・看護師 ・作業療法士

制度・サービス

民間・非営利団体	・建築したハウスメーカー ・地域で介護関係のリフォームを行っている会社
介護保険	・訪問看護、訪問リハビリテーションによる動作確認 ・福祉用具専門相談員への相談 ・（看護）小規模多機能型居宅介護
医療保険	・かかりつけ医・訪問診療・専門医によるアドバイス

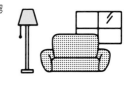

08

独居の認知症の人を支える課題と制度・サービス

　「高齢者の日常生活に関する意識調査」（2014年）によると、60歳以上の高齢者のうち、3分の2の人が在宅生活を継続したいと考えています。実際、認知症の症状をもちながら、自宅で生活を続ける人も増えてきました。その人たちが病前からの生活を維持するためには、これまでに築いてきた人間関係や地域とのつながりなどの社会資源を活用することが重要です。そのうえで、進行に応じて、医師や看護師、介護職などの専門家職と連携することが必要になります。

▶ ポイントは自宅に入るサービス

　まず、日常生活のサポートでは、食事や買い物の支援が挙げられます。訪問介護などの**介護保険サービスを利用することも大切**です。また、小規模多機能型居宅介護などの訪問と通いと泊まりが一体型となっている地域密着型サービスを用いることで、状況に応じた柔軟なケアを受けられる可能性もあります。

　服薬については、必要性の確認や服薬回数を見直し、減薬することも重要です。お薬カレンダーの使用、薬局や訪問看護師などの専門職によるサポートも役立ちます。

▶ コミュニケーション面でのポイント

　独居の認知症の人は孤立しがちです。**安全面や健康面からも、人とつながり続けることが大切**です。家族や友人の定期的な訪問や電話は淋しさや不安などを解消し、精神的な支援になるでしょう。また、デイサービスなどで多くの人と触れ合うことも大切です。なお、デイサービスに行くときに不安を訴える方には、家の鍵を閉める際に一緒に確認したり、迎えの際に安否確認や行動パターンの見直しを行うとよいでしょう。

独居の認知症の人を支える課題と解決策　図

孤立の問題

原因
- 長生きで同世代の友人・知人がいない
- 家族との離別・死別
- 未婚

解決策
- 自宅への専門職の訪問
- 交流の場の紹介
- 通所サービス

支援者
- 地域包括支援センター職員
- かかりつけ医
- 専門医
- 看護師
- 作業療法士
- 介護職
- ボランティア
- 民生委員

安全面の問題

原因
- 火の消し忘れ（注意障害、実行機能障害）
- 運転の問題（空間認知障害、実行機能障害）
- 道に迷う（地誌失認、見当識障害、空間認知障害）

解決策
- 自動消火装置つきコンロの導入
- 運転免許の返納
- GPSの導入

支援者
- かかりつけ医
- 専門医
- 作業療法士
- ケアマネジャー
- 地域包括支援センター職員

健康面の問題

原因
- 加齢にまつわる課題（運動器の障害）
- 内科疾患（脳卒中、生活習慣病）
- 嗜好（喫煙・飲酒、偏った喫食等）

解決策
- かかりつけ医をもつ
- 人との交流をもつ

支援者
- かかりつけ医
- 訪問医

日常生活の問題

原因
- 同じものを買ってしまう（記憶障害）
- お金の管理ができない（実行機能障害、記憶障害など）
- 食事の準備ができない（実行機能障害）
- 家事ができない（実行機能障害、記憶障害）
- 更衣などができない（失行など）

解決策
- 状況の把握
- 金銭管理の支援
- 日常生活の支援

支援者
- かかりつけ医
- 専門医
- 看護師
- 作業療法士
- 介護職

制度・サービス

民間・非営利団体	・認知症カフェ　・地域交流活動　・安否確認付き弁当宅配　・まごころサポート ・外出付き添いサービス　・見守りサービス　・民生委員による見守り
介護保険	・デイサービス　・訪問看護、訪問リハビリテーションによる健康チェック ・訪問介護　・（看護）小規模多機能型居宅介護　・定期巡回・随時対応型訪問介護看護
医療保険	・かかりつけ医・訪問診療・専門医によるアドバイス
その他	・日常生活自立支援事業などの金銭管理の支援　・認知症カフェへの参加 ・地域包括支援センターで相談　・本人同士のピアサポート

第1章　認知症の原因　疾患と症状

第2章　認知症の診察・検査・診断・治療

第3章　認知症の人を支える人たち

第4章　認知症の人を支える制度・サービス

第5章　認知症の人の生活課題と解決策

第6章　制度・サービスの活用事例

第7章　キーワードで学ぶこれからの認知症ケア

09 遠距離介護の課題と制度・サービス

遠距離介護で在宅生活を続けるコツ

遠距離に住んでいる家族が介護をする場合、本人の生活状況・経済状況がわからない、緊急時の対応がとれない、帰省時の交通費がかさむなど、多くの課題があります。しかし、認知症の人のなかには、地域の人に見守られ、早期から適切に介護サービスを利用することで、これまで通りの生活を維持している人もいます。

施設入所や家族が介護離職を考える前に、まずは本人の生活状況を確認して、医療機関や地域包括支援センターに相談し、地域資源や介護保険サービスの利用を検討しましょう。**医療や介護サービスなどの保証人の署名や契約などの手続きには、介護休暇や介護休業制度などを使うとよいでしょう。**

医療・介護サービスを使う際のポイント

遠距離介護では、かかりつけ医への定期的な通院や、病気やけがに対する早期の治療をどのように確保するかが課題となります。**定期通院や服薬がうまくできない場合は、訪問診療や訪問看護、訪問リハビリテーション、薬剤師の訪問などの在宅医療を早めに活用**するとよいでしょう。**小規模多機能型居宅介護で通院支援を受けられる**場合もあります。

介護保険サービスの利用にあたっては、本人の生活障害に対する評価とアドバイスのできるケアマネジャーを選び、定期的な連絡をもちながら適度なコミュニケーションを図っていきます。曜日等に関係なく切れ目のないケアが求められますので、生活面での介護と看護が必要な場合は、定期巡回・随時対応型訪問介護看護や看護小規模多機能型居宅介護を利用することも有用です。

課題	状況	関連する制度・サービス	解決策
安全確保	認知症の人が外出して戻れなくなる可能性がある	ケアマネジャーに相談。訪問看護、訪問リハビリ、スマートフォンの活用、見守りサービス、ホームセキュリティシステム、GPSなど	訪問看護や訪問リハビリでIoT機器のセッティングや充電を行う。これらのデバイスを使用することで、在宅状況の確認や行方不明時の追跡が可能となる
食の支援	定期的な食事の摂取が難しくなる	ケアマネジャーに相談。安否確認付き配達弁当、訪問介護	安否確認とともに、定期的に栄養バランスの取れた食事を摂取できる
日常生活のサポート	日常生活のなかで、食事の準備、掃除、洗濯などの家事が難しくなる	訪問介護、定期巡回・随時対応型訪問介護看護、小規模多機能型居宅介護、外出付き添いサービス	生活課題が毎日定期的にみられる場合はその支援を同じ時間帯を中心に導入する
通院支援	通院や服薬が困難になる	訪問診療、訪問看護、薬剤師の訪問、小規模多機能型居宅介護、外出付き添いサービス	かかりつけ医や地域包括支援センターに訪問診療を紹介してもらう。小規模多機能型居宅介護では、近隣の医療機関への通院同行を頼める場合もある
緊急時の対応	家族が緊急時に迅速に対応することが難しい	緊急連絡体制、在宅医療	地域の緊急連絡体制や訪問診療、訪問看護を活用することで、緊急時に迅速に対応可能となる
遠距離介護の交通費	交通費がかさむ。安い交通手段で疲れる	航空会社の介護割引、鉄道会社の割引制度など	航空会社の介護割引は、予約変更できる場合もある
心理的サポート、家族の絆の維持	電話をかけられなくなったり、受けられなくなることがある	スマートスピーカー、スマートテレビなどの利用	家族側からのアクションで通話が可能になるデバイスを導入することで、認知症の人が操作をしなくても、家族といつでもコミュニケーションが可能となる

在宅生活を続けるためには、サービスや制度を活用することが大切です。自宅での生活が難しくなった場合には、施設入所も選択肢の一つとして考えることができますが、できるだけ在宅生活を続けられるように、適切な支援を受け、遠隔で利用できるデバイスなども利用するとよいでしょう

第1章 認知症の原因疾患と症状

第2章 認知症の診察〈検査〉・診断・治療

第3章 認知症の人を支える人たち

第4章 認知症の人を支える制度・サービス

第5章 認知症の人の生活課題と解決策

第6章 制度・サービスの活用事例

第7章 キーワードで学ぶこれからの認知症ケア

10

家族支援における課題と制度・サービス

▶ 家族支援における課題と支援へのプロセス

認知症の人の家族に対する支援は、本人への支援と同様に大変重要です。その課題は多岐にわたります。たとえば、「もともと本人と家族の関係が悪い」「家族が認知症についての理解がなく、本人を否定して関係が悪化する」「排泄の失敗や入浴拒否、昼夜逆転などがあり、生活全般で支援が必要で手が回らない」「老老介護」「認認介護」などがあります。このように、**認知症の人を支えるうえで課題が生じた場合は、まず、地域包括支援センターに相談しましょう。**

また、インフォーマルサポートとして、認知症カフェや認知症の人と家族の会、本人と家族の一体的支援プログラムなどで**ほかの家族と話すことも、心理的な負担の軽減に役立ちます。**

▶ 制度やサービス導入に関するポイント

介護保険サービスを利用する際、本人と家族の思いにギャップがあるときは、**一方の要望に偏らないケアプランを作成することが求められます。**本人の生活が豊かになれば、家族の介護負担感も軽減するといわれています。

本人から希望を聞くことが難しく、生活上の困りごとが把握できない場合や、家族への教育・心理的支援ができない場合は、訪問看護や訪問リハビリテーションを利用するとよいでしょう。専門職がサービスを提供するなかで、健康状態を把握したり、認知症の知識を家族に伝えることができます。なお、昼夜逆転や排泄の失敗などで介助量が増えてきたときは、本人に無理のない形でデイサービスやショートステイの利用も相談していきます。

家族支援の課題と解決策　図

社会的な孤立

原因
・家族だけで介護している
・認知症の家族を隠そうとする
・支援を受け入れない

解決策
・定期的に訪問する
・医療機関に相談する
・自宅に入るサービスを導入

支援者
・主治医
・民生委員
・ソーシャルワーカー
・地域包括支援センター職員

知識と理解の欠如

原因
・認知症の人とのかかわりが初めて（経験がない）
・認知機能が低下する家族を受けいれられない（心理的な拒絶）
・支援を受け入れない（価値観、金銭的な問題）

解決策
・個別の支援を行う
・支援団体の紹介

支援者
・訪問医
・ソーシャルワーカー
・地域包括支援センター職員
・ケアマネジャー
・介護職

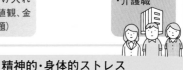

経済的な問題

原因
・年金が少ない（無年金、基礎年金のみ）
・単身者（離別・死別・未婚）
・働いていない同居人（引きこもりの家族との同居）

解決策
・公的支援を受ける
・生活を見直す
・家族内での金銭の流れを確認する

支援者
・ケアマネジャー
・ソーシャルワーカー
・地域包括支援センター職員

精神的・身体的ストレス

原因
・家族介護にこだわる
・介護する時間が長い
・同居
・介護と子育ての両立（ダブルケア）
・介護と仕事の両立
・両親ともに介護が必要（老老介護）

解決策
・家族介護を減らす
・介護の時間を分ける
・課題を「見える化」する
・介護サービスの利用を増やす
・自費サービスを使う

支援者
・ケアマネジャー
・介護職
・看護師

制度・サービス

民間・非営利団体
・認知症カフェ　・家族会　・安否確認付き弁当宅配　・認知症ケア研修
・介護者教育プログラム　・メンタルヘルスケア　・カウンセリング

介護保険
・デイサービス　・訪問リハビリテーション　・訪問介護　・ショートステイ
・小規模多機能型居宅介護　・定期巡回・随時対応型訪問介護看護
・訪問作業療法　・地域包括支援センターで相談

医療保険
・訪問診療

その他
・生活保護　・公的補助金

第1章　認知症の原因　疾患と症状
第2章　認知症の診断・治療
第3章　認知症の人を支える人たち
第4章　認知症の人を支える制度・サービス
第5章　認知症の人の生活課題と解決策
第6章　制度・サービスの活用事例
第7章　キーワードで学ぶ これからの認知症ケア

11

終末期支援の課題と制度・サービス

　認知症の人の終末期支援では、人としての尊厳を守り、可能な限り快適に人生の最期を迎えられるように支援することが求められます。

本人への支援

　認知症の進行により本人の意思が明確に伝わらなくなり、適切な治療の選択や生活サポートが難しくなることがあります。そうした状態になる前に**アドバンス・ケア・プランニング（ACP）**を行う人が増えてきています。**ACP**とは、本人が自身の意思を事前に明示し、それをもとに医療スタッフや家族が治療を進めるためのプロセスです。

　また、終末期には認知症の進行のみならず、加齢や他疾患により身体機能が低下し、日常生活での困難も増えていきます。そうした場合の対応として、訪問診療や介護サービスの利用を改めて検討します。訪問看護や訪問リハビリテーションなどを通じて、本人の身体機能を維持し、自宅での生活をサポートします。施設においては、面会の機会を増やすなどの支援を行います。

家族への支援

　終末期支援では、本人だけでなく家族も大きな精神的ストレスを抱えることが多く、適切な心理的支援が必要になります。そのため、家族会などに参加することが有効なこともあります。

　終末期の人をサポートするには、認知症の有無よりもその人自身の尊厳を守ること、身体的なケアとともに心理的なケアを重視することが大切です。また、苦痛の軽減には、医療と介護が連携して支援することが非常に重要です。

終末期支援の課題と解決策 図

家族や介護者のストレスと心理的負担

原因	解決策	支援者
・仕事や家事と介護の両立 ・複数の要介護者がいる ・介護者が一人など少数	・毎日訪問できる体制づくり ・家族支援	・主治医 ・ケアマネジャー ・看護師 ・介護職

孤独感と精神的な苦痛

原因	解決策	支援者
・独居 ・知り合いを認識できない不安	・毎日訪問できる体制づくり ・施設入所 ・体調の確認、精神ケア	・医師 ・看護師 ・地域包括支援センター職員 ・ケアマネジャー ・介護職

痛みや不快感

原因	解決策
・関節の拘縮(フレイル、変形性関節症) ・皮膚症状(褥瘡、臥床による皮膚症状) ・清潔保持ができない(更衣や入浴を嫌がる) ・併存疾患の疼痛(がんや脊柱管狭窄症などの痛み)	・バイタル測定、皮膚症状観察、処置 ・関節可動域訓練 ・清潔保持

支援者
・主治医
・訪問医
・介護職

意思決定の困難さ

原因	解決策
・本人の意思が不明 ・家族がいない ・本人と家族の意見の相違 ・独居で家族が遠方に居住	・本人の意思をあらかじめ聞く(リビング・ウィル) ・担当者会議を開く ・オンラインツールで家族と話す ・医師によるACP

支援者
・主治医　・看護師
・包括職員
・ケアマネジャー

制度・サービス

民間・非営利団体
・認知症の人と家族の会による家族相談やグリーフケア

介護保険
・訪問介護や訪問リハビリテーションによるターミナルケア
・定期巡回・随時対応型訪問介護看護　・小規模多機能型居宅介護　・訪問入浴
・(看護)小規模多機能型居宅介護
・福祉用具専門相談員によるベッドや手すりなどのレンタル
・ショートステイによるレスパイト

医療保険
・訪問診療による在宅での看取り

その他
・ホスピスやターミナルケアの可能な施設への入所
・成年後見制度　・地域包括支援センターで相談

第5章参考文献

- 出典：さいたま市ホームページ
  https://www.city.saitama.jp/007/007/005/p050279.html
- 平成27年版高齢社会白書（全体版）
  第2章6高齢者の生活環境
  https://www8.cao.go.jp/kourei/whitepaper/w-2015/html/
  zenbun/s1_2_6.html

第 6 章

制度・サービスの
活用事例

01

住み慣れた地域で
暮らし続けるために

❶ 診断直後に大切なこと

　認知症と診断されると、本人も家族もとてもショックを受けると思います。周囲の人からは心配され、できないことばかりに目が向けられてしまいます。進行予防という視点で話が進められることが多いのですが、大切なことは認知症とともに生きるための基礎知識を得たり、あらかじめ認知症について勉強したり、先に認知症と診断された人や介護経験をもっている人とつながることです。できることを維持し、できないことについては支援を受けることが、これまでの生活を維持するポイントです。

（1）周囲の人に求められる支援

　周囲の人が意識すべきことは、一人ひとりの個別性です。認知症の症状はもちろんのこと、これまでの健康状態（併存症）や生活歴、性格、人間関係や環境も人それぞれです。ですから、「認知症の人」とひとくくりにすることなく、認知症をもつ「人」と考え、その「人」自身をまるごとみながら支援の方向を探っていかなければなりません（DCM 8版）。また、認知症が進行したり、家族の状況が変わったときのためのACP（アドバンス・ケア・プランニング）についても、きちんと考える場をもつことが必要です。

（2）家族の役割

　家族においては、実際に行うケアの負担のみならず、これから生活がどうなるのかという不安があります。不安の原因は認知症の人の症状によるものだけでなく、家族自身が高齢であったり、病気であったり、ひきこもりであるなど、家族全体の問題であることも少なくありません。かかわり方がわからず、家族が本人に強く当たってしまうこと

図 認知症の人が住み慣れた地域で生活を続けるために重要なこと

尊厳と自立の尊重　認知症の本人にも意思決定のプロセスに積極的にかかわってもらい、尊厳と自立を尊重する

認知症への理解と受容　認知症の診断が人生の終わりを意味しないことを認識し、認知症の人を社会の一員として受けいれる

生活課題への支援　認知症の人が直面する生活課題をみつめ、必要な支援を提供する

一人ひとりのニーズの理解　一人ひとりのニーズが変化するものであることを理解し、ニーズに応じたサポートを提供する

自宅での生活を支えるサービスの活用　地域の介護サービスや支援団体と連携し、自宅での生活を支える

ACP（アドバンス・ケア・プランニング）の考慮　体調が悪くなったときのためのACP（アドバンスケアプランニング）を、きちんと考える場をもつ

医療と介護の連携　安全と健康を維持するための適切な医療と介護の連携

家族の介護負担の軽減　本人への支援を通して家族の介護負担を軽減するために、介護サービスやインフォーマルサービスを活用する

から、家族関係が悪化してしまうこともあります。認知症の人だけが家族から遠ざけられたり、過度に犠牲にならないように介入すること、介護サービスやインフォーマルサービスについて正しく理解して、本人と家族が活用できるようにすることが専門職に求められます。

（3）スコットランドのジェームズ・マキロップさんの場合

　スコットランド（英国）在住の認知症当事者であるジェームズ・マキロップさんは、認知症と診断されてからも毎日のように外出したり、認知症の啓発活動をすることが生きがいでした。しかし、発症から20年以上が経ち、足が悪くなり、身体の痛みもあるので、介護施設への入所を考えるようになり、施設を探し始めました。「私の理想の介護施設は、階段がなく、眺めのよい場所でおいしいカプチーノを飲めるカフェがあると

ころ。ガイド付きの外出の機会やグループ
ゲームがあり、長時間の面会が許される施設
です。もちろん、訓練を受けたフレンドリー
なスタッフも必要です」と言っています。こ
の言葉から、一人ひとりのニーズが時間とと
もに変化するものであることがわかります。

ジェームズさんと著者

② 一人暮らしを支えるためのさまざまなヒント

（1）認知症の診断前から医療や介護につながる

　認知症は、認知機能の低下によって生活機能に障害が出た状態を指します。その障害
の表れ方は一人ひとり異なります。

　たとえば、記憶の障害による症状もさまざまです。まだストックがあるものを購入して
きてしまうこともあれば、約束を忘れることもあります。服薬したかどうかがわからなく
なり、薬を飲み忘れたり、二重に服用してしまう場合もあります。道に迷って自宅に帰れ
なくなることもあれば、言葉が出にくくなったり、箸が使えなくなったりすることもあ
ります。そのほかにも幻視や妄想が生活に影響を及ぼす場合もあります。

　これらの症状に対しては、医療機関だけでなく、介護サービスなどを利用することも
必要です。認知症の人に適切に接することで症状が軽減したり、生活を維持することが
できるようになります。

　診断を受ける前であれば、周囲の人が地域包括支援センターに相談することで、状況
把握のために定期的に訪問してもらえる場合もあります。また、地域の認知症カフェな
どに参加して、社会的な交流の機会を増やすことも孤立を防ぎ、一人暮らしを支えるこ
とになります。

（2）さまざまな社会資源を組み合わせて利用する

　診断後にもさまざまなサービスの利用が可能です。もともと社交的な方は、地域活動
などで行われる小物などの作品づくりに参加したり、近隣へのドライブに出かける方も

います。当事者同士の情報交換の機会である認知症カフェやピアサポートも大切な支えとなります。

　記憶障害で服薬が困難であれば、薬剤師が自宅を訪問して状況を確認したり、服薬ができるような工夫を提供してくれます。服薬すること自体のリマインドが必要であれば、定期巡回・随時対応型訪問介護看護を用いて短時間の訪問に毎日入ってもらったり、小規模多機能型居宅介護の「訪問」を利用することができる場合もあります。

　同居の家族がいても、日中独居で手持ち無沙汰になるようであれば、デイサービスなどを利用して同年代の方と交流するとよいかもしれません。定期的にショートステイを利用しながら、家族もやりたいことができる環境をつくっている方は多くいます。

　レビー小体型認知症のように、重度の便秘や起立性低血圧によるめまいなどが起こるなどして健康状態に不安がある人には、訪問看護で急な体調変化にも対応できるようにします。

　地域には認知症の人を支える多くの社会資源があります。制度やサービスは、ケアマネジャーに選んでもらうのではなく、本人と一緒に見学して決めましょう。複数を組み合わせることで、在宅生活を続けられる場合も多くあります。

図 認知症の人が利用できる制度とサービス

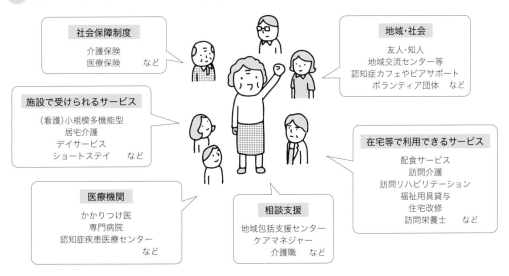

社会保障制度
介護保険
医療保険　など

地域・社会
友人・知人
地域交流センター等
認知症カフェやピアサポート
ボランティア団体　など

施設で受けられるサービス
（看護）小規模多機能型
居宅介護
デイサービス
ショートステイ　など

在宅等で利用できるサービス
配食サービス
訪問介護
訪問リハビリテーション
福祉用具貸与
住宅改修
訪問栄養士　など

医療機関
かかりつけ医
専門病院
認知症疾患医療センター
など

相談支援
地域包括支援センター
ケアマネジャー
介護職　など

02

定期巡回・随時対応型訪問介護看護を利用しながら美容院を続けるＫさん

1　地域包括支援センターに相談

　現役美容師のＫさんは80代ですが、活動的で若々しい方です。しかし、会計がうまくできなかったり、現金が盗まれたと繰り返し言うようになり、周囲の人は心配するようになりました。ある日、何か些細なことがきっかけとなり、自宅前で大声をあげてしまいました。これを聞いた近所の人が、地域包括支援センターに相談しに行きました。

　地域包括支援センターの職員がＫさんの自宅を訪問すると、Ｋさんは明るく出迎えてくれました。自宅はきちんと整理整頓されており、壁には娘の結婚式の写真や、孫が部活でよい成績を収めたときの表彰状が飾られていました。夫との別れからしばらくの時間が経過し、Ｋさんは時々淋しさを感じることがあると語りました。

　一方で、一人暮らしにもだんだんと慣れてきて、美容院の同僚たちとのお茶会や近所の人々との交流が日々の楽しみとなっていました。しかし、新型コロナウイルスの感染拡大でそうした機会が減ってしまったことが残念だともらしました。

　家族は遠方に住んでおり、直接的なサポートは難しい状況でした。Ｋさんは自分で買い物に行くことができ、自宅で料理もつくっていました。たまに鍋を焦がすこともありましたが、頻繁に起こるわけではありませんでした。

　Ｋさん自身は、自分の体調は良好だと評価しており、受診を希望しませんでした。そこで、家族が地域包括支援センターから紹介を受けた認知症サポート医が訪問して、Ｋさんの認知症の診断を行いました。その結果をもとに介護保険の申請を行うことになり

第
1
章
認知症の原因
疾患と症状

第
2
章
認知症の診察（検査・
診断・治療

第
3
章
認知症の人を
支える人たち

第
4
章
認知症の人を支える
制度・サービス

第
5
章
認知症の人の
生活課題と解決策

第
6
章
制度・サービスの
活用事例

第
7
章
キーワードで学ぶ
これからの認知症ケア

ました。また、診断の際に高血圧も発見されたため、訪問診療を継続して受けることになりました。

2 介護保険サービスと訪問診療を活用

　要介護認定の結果、Kさんは要介護1の認定を受けましたが、サービスの利用にはなかなか踏み出せませんでした。診断した医師は、最低限の生活上の見守りが必要であり、危険な状況の回避が必要であると説明しました。家族はKさんの一人暮らしを心配して、施設への入所を望んでいましたが、本人の意思を尊重して、定期巡回・随時対応型訪問介護看護を利用して、毎日の訪問で対応することとなりました。

　利用開始から2年以上が経ちますが、現在のところは毎日の訪問で安否確認と服薬確認を行いながら、Kさんは在宅で暮らしつづけます。

図 Kさんの支援の流れ

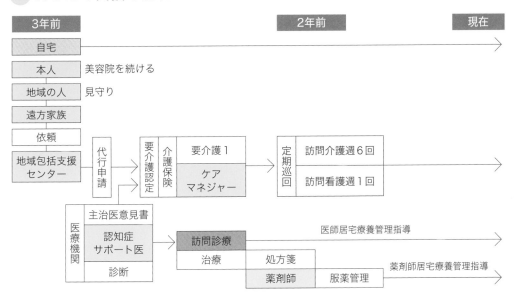

03

前頭側頭葉変性症の S さんを自宅で看取る

① 訪問看護・訪問リハビリテーションで状態を整える

　S さんは60代の女性です。繰り返し同じことを繰り返す、衝動が止められない、言語障害で同じことを何度も言うなどの症状から前頭側頭葉変性症と診断されていました。

　以前は穏やかで優しい人だったのに、今では言動が乱暴になりました。夫に対して暴言を吐いたり、たたいたりすることもありました。S さんは夫を個室に追いやって、自分は居間で生活するようになりました。寝室のベットの上には多くの衣類が乱雑に積みあがっていました。

　医師が訪問診療で訪れると、S さんはほとんどの時間を座いすで過ごしていました。テレビを観たり、本を読んだりすることもなく、ただぼんやりと窓の外を眺めていました。食事は偏食がひどく、子ども用のジュースと甘えびしか口にしない状況でした。夫との関係の悪さも、言い合いの様子から伝わってきました。

　S さんは極度の低栄養状態になっていたため、取り急ぎ栄養補助食品を摂取することになり、居宅サービスは訪問看護と訪問リハビリテーションによるケアを導入しました。そのおかげで一時的には歩行も可能となりましたが、半年ほどでさらに食欲がなくなり、体重も30kgを切るようになりました。

　認知症により言葉が出なくなっていたため、S さんの意思は確認できませんでしたが、本人も同席のもと、夫とともに今後の生活について話し合いました。夫は訪問看護ステーションと医師と相談して、最後まで S さんと自宅で暮らし続けることを決めました。

2 看取りの段階

　それから１年後、看取りの段階になりました。介護保険サービスも、訪問入浴サービスや福祉用具貸与の褥瘡防止マットレスなど、使えるものは積極的に利用しました。夫は毎日Ｓさんの顔色や呼吸を見守るうちに、少しずつ心境が変わってきたようでした。Ｓさんが暴力的だった時期に抱いていた怒りや恨みが消えて、代わりに感謝の念や愛情がわいてきたそうです。夫が話しかけたり手を握ったりすると、時々Ｓさんが反応することもありました。

　そしてＳさんは寒さが身にしみる晴れた早朝に、静かに息を引き取りました。

図 Ｓさんの支援の経過

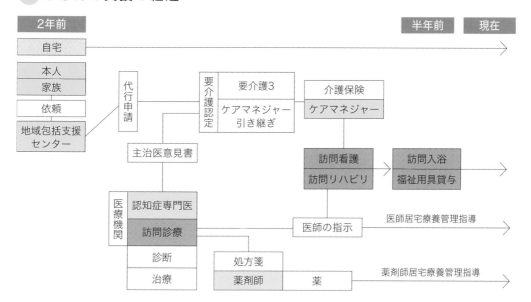

※この事例では、家族の経済的な事情もあり、訪問介護は利用しませんでした。実際には個々の事例に応じて柔軟に対応し、適切な支援を提供することが大切です。

図 Sさんの看取りまでの支援の一覧

1年目

診断とケアマネジャーの選定
認知症の診断を受け、地域包括支援センターなどからの紹介で適切なケアマネジャーを選定する

情報提供・相談窓口
ケアマネジャーが認知症や利用可能なサービス・制度に関する情報提供を行い、不安や悩みに対して家族の相談に応じる

家族とのコミュニケーション
本人の意思が確認できない場合でも、家族とともに今後の生活について話し合い、適切なケアプランを立てる

居宅介護支援
ケアマネジャーが主導して、必要な介護サービスを組み合わせ、本人が自宅で安心して暮らせるように支援を行う

連携・相談
医療スタッフ、訪問看護ステーションと家族が連携・相談し、本人のニーズに応じた支援を提供する

訪問診療
家庭医が定期的に訪問し、本人の健康状態をチェックし、適切なケアや治療を提案する

栄養補給剤
食事制限や偏食による栄養不足を補うため、栄養補給食品を利用する

2年目

家族の状況やニーズに合わせたサポート
ケアマネジャーが家族の状況やニーズを考慮して、必要に応じてサポートを調整する。ショートステイやデイサービスを利用することを提案するなど、家族の負担軽減につながる支援も含まれる

リスク管理
認知症の人が自宅で生活する際のリスク（転倒やけがなど）を事前に評価し、予防策を立てる

看取り支援

自宅での看取り

最期まで自宅で過ごすことを希望する場合、医療スタッフ・訪問看護師ステーションと連携して、家族が安心して看取れるようにサポートする

精神的ケア

認知症の進行に伴い、認知症の人の精神的な不安やストレスを軽減するための支援を行う。これには、心理的ケアやリラクゼーションの提供も含まれる

家族の心のケア

認知症の人だけでなく、家族にも精神的なケアが必要である。カウンセリングや心理的サポートを提供し、家族が適切に対処できるよう支援する

訪問看護・訪問リハビリ

訪問看護師が本人の身体的ケアを担当し、リハビリを提供することで、一定の身体機能の維持を目指す

褥瘡防止マットレス

長時間寝たきりになる人に対し、褥瘡（床ずれ）を防止するためのマットレスを使用する

訪問入浴サービス

入浴のアシストを必要とする人のために、専門のスタッフが自宅を訪問し、入浴のサポートを行う

04

アルコール多飲のAさんの在宅支援から入院治療まで

1 アルコール依存症とアルツハイマー型認知症を併発

　Aさんは60代の男性で、妻と二人暮らしをしています。車で10分ほどのところに長女が住んでおり、週末にはAさんの介護を手伝ってくれます。Aさんは自営業を営み、フルマラソンに参加するほど健康でした。しかし、60歳を過ぎると飲酒量が増え、判断力や自制心が低下し、妻に暴力を振るうこともありました。また、近時記憶の喪失や時間・場所に対する見当識の低下が進行し、道に迷うことも増えました。

　そのうち、飲酒が止められず、朝から飲むようにもなり、アルコールによる影響が深刻化しました。その結果、酔った状態で車を運転しようとするなど、自己管理も難しくなりました。事態を重くみた内科医からの紹介で、精神科クリニックの訪問診療を受けるようになり、認知症専門医からアルツハイマー型認知症とアルコール依存症が合併した状態であると診断されました。二つの疾患が重なることで、意思決定や行動の制御が一層困難になり、家族や周囲の人々にも影響を及ぼすようになりました。

2 小規模多機能型居宅介護の「訪問」を利用

　Aさんは介護保険を申請して、要介護1と判定されました。当初、訪問介護を利用しましたが、継続した利用にはつながらなかったので、小規模多機能型居宅介護（以下、小多機）に引き継がれました。小多機のスタッフが週に数回訪問してサポートするようになると、一時期は他者との交流がもてるようになりました。しかし、症状の進行とともに妻のことがわからなくなったり、夜中に家を飛び出すなどの行動を起こすようになり、家族が困惑することも増えました。ケアマネジャーは小多機での「泊まり」を提案しましたが、Aさんはかたくなに拒みました。

その後、Aさん自身に治療を受けたいという気持ちが芽生えたため、精神病院に入院して療養・治療することになりました。

図 Aさんの支援の流れ

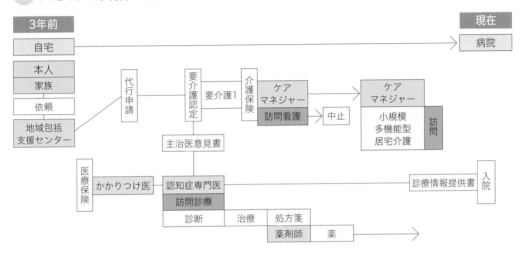

図 Aさんにかかわった専門職と制度・サービス

内科のかかりつけ医
症状の初期評価や検査を行い、必要であれば専門医への紹介を行う

病院ソーシャルワーカー
入院や退院時のサポートや、ケアマネジャーや地域サービスとの連携を行う

ケアマネジャー
ケアプランを立案し、適切なサービスの提供を調整する

地域包括支援センター
介護保険サービスの相談や情報提供、地域資源の紹介を行う。また、高齢者や家族の相談や支援を行う

精神科医・神経内科医
診断のためのアセスメントと治療計画の立案。アルコール依存症と認知症の評価を行う

訪問看護師・訪問リハビリテーション
在宅での医療的ケアとリハビリを提供し、身体機能の維持や向上を目指す

小規模多機能型居宅介護
「訪問」、「通い（デイサービス）」、「泊まり（ショートステイ）」を提供し、日々の生活やリハビリをサポートする。社会参加の機会を提供する

※これらのサービスや専門職が連携し、アルコール依存症と認知症を併せもつ人に対して、診断から診断後の支援まで総合的なケアを提供することが望まれます。

第1章 認知症の原因・疾患と症状
第2章 認知症の診察・検査・診断・治療
第3章 認知症の人を支える人たち
第4章 認知症の人を支える制度・サービス
第5章 認知症の人の生活課題と解決策
第6章 制度・サービスの活用事例
第7章 キーワードで学ぶこれからの認知症ケア

レビー小体型認知症の
Pさんの在宅支援から
施設入所まで

1 複数の疾患をかかえながら在宅生活を継続

　80歳のPさんは、夫と二人暮らしをしていました。もともと慢性心不全をかかえていましたが、さらに腰を圧迫骨折してしまったため、歩行器を必要とする生活となりました。その生活の変化とともに、Pさんには、ご飯の中に虫が見えたり、カーテンが人に見えるなどの症状が出現するようになりました。

　ケアマネジャーがPさんの症状をかかりつけ医に情報提供したところ、認知症専門医を紹介されました。そこで、レビー小体型認知症と診断されました。

　その後、かかりつけ医への通院が困難になってきたため、訪問診療のできる医師を紹介されました。専門医のアドバイスにしたがって、気持ちの落ち込みもみられたPさんに対して、認知症の治療に加えて抗うつ薬による治療も行われました。そのとき、Pさんが服用していた多くの薬を見直し、可能な限り減薬を行いました。

　介護保険サービスについても、専門医のアドバイスにしたがい、週1回ずつ訪問看護と訪問リハビリテーションが導入されました。体調管理と個別の歩行訓練を行うことで、Pさんは人と話す機会が増え、身体機能の回復にもつながりました。看護師は、下肢の浮腫や発熱といった健康問題にも迅速に対応しました。

　Pさんは、他者との交流を求めていたため、デイサービスにも行くようになりました。同年代の人と交流したり、入浴の介助を受けたりすることで、家族の介護負担が軽減されました。この頃、夫にも病気がみつかりましたが、Pさんがデイサービスに行くこと

で、夫の通院時間を確保することができるようになりました。検査入院で自宅を不在にするときは、ショートステイを利用してもらいました。

2 有料老人ホームに入所

　波はあるものの、1年半にわたり在宅生活を継続することができました。そんななか、Pさんはショートステイを利用中に転倒し、右大腿骨頚部骨折をしてしまい、整形外科医院へ入院することになりました。その後、回復期リハビリテーション病院でリハビリを行い、主に立位訓練や骨折後の筋力アップを図りました。

　しかし、思うように回復せず、有料老人ホームに入所することになりました。ホームに入ってからも、夫は毎週面会にきて、車いすを押しながら二人で散歩をしています。医療面では施設の訪問医師による診療と、施設併設の訪問看護ステーションによる治療が継続されています。

　この事例は、必要な専門職や地域の人が、その時々に必要な支援をバトンをつなぐように継続していったものです。

図　Pさんの支援の流れ

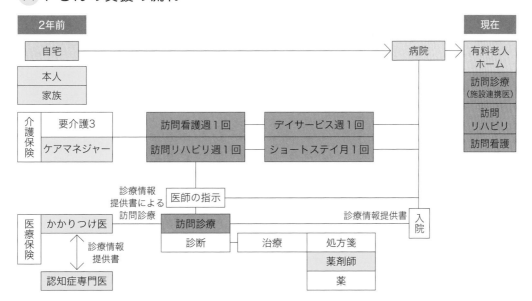

06

妄想性障害をかかえた
Lさんの一人暮らしを支える

1 民生委員が地域包括支援センターにつなぐ

　Lさんは80代の独身女性で、現役時代は事務職として働き、定年後はアパートで一人暮らしをしていました。子どもはおらず、遠方に住む親戚との交流もほとんどありません。Lさんにはもともと「組織に狙われる」という思い込みがあり、妄想性障害と診断されていました。しかし、治療は受けておらず、ある時点で通院も中断していました。

　あるとき、地域の民生委員が、Lさんのアパートの明かりが1週間以上も消えていることに気づき、地域包括支援センターに連絡しました。センター職員がLさんのアパートを訪れると、電気が止まっていました。原因は電気料金の未払いでした。Lさんの収入は少額の年金しかなく生活困窮状態でした。センター職員はすぐに行政の保護課に相談して、生活保護の申請を支援しました。

　続いて、センター職員はLさんの精神的な落ち込みの原因が認知症ではないかと考え、往診による健康診断を本人に提案しました。医師が往診すると、Lさんは年齢相応の認知機能低下に加えて、意欲の低下と食欲不振により、妄想性障害とうつ症状が合併した状態であると診断されました。医師はLさんに対して、月2回の定期訪問診療による治療を開始しました。また、心理的なケアをするために、精神科訪問看護指示書が発行され、訪問看護と訪問リハビリテーションも開始されました。さらに、服薬の管理ができないため、訪問薬剤師が服薬管理（居宅療養管理指導）を行うことになりました。

2 妄想性障害をかかえた方の在宅生活を支える

　その後、Lさんは自分で食事を準備してきちんと摂取し、しばらくの間は順調に生活できていました。しかし、物がなくなるという妄想や貧困に対する不安が激しくなり、

食事の準備が難しくなっていきました。やせ細ったLさんに、医師は特別訪問看護指示書を発行して、週4回以上の訪問看護（リハビリテーション）が提供できるように緊急措置を行いました。その後、定期巡回・随時対応型訪問介護看護を併用するようになり、1日2～3回の訪問介護で、食事の準備や身体の清拭などを行うようにしました。Lさんは自宅を離れることを拒否していたため、訪問看護や訪問リハビリテーションの時間を利用して、時折散歩をすることで心身の健康を維持しました。

　しかし、徐々に体力と精神力の衰えがみられるようになり、日々の生活に困難を感じるようになっていました。それでも自宅での生活を続けるという強い願いがLさんを支えていました。そして、現在も時々行政の保護課や民生委員、地域包括支援センターが気にかけて見守りをすることで、Lさんは在宅生活を継続しています。また、定期的に買い物することが困難であるため、生協の宅配サービスを頼み、そこでも声をかけてもらうようにしています。Lさんにかかわっている人は、Lさんの思いを尊重して自宅での生活をサポートし続けています。

図　Lさんの支援の流れ

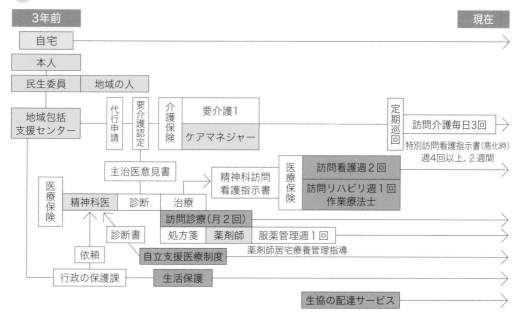

07

認知症の父親を
遠距離介護で支える

1 要介護状態の高齢夫婦の二人暮らし

　70代になった頃、Ｉさんにもの忘れの症状が現れました。さらに、Ｉさんは自立歩行は可能ですが、転倒することがたびたびありました。視力障害や記憶障害、見当識障害などに加えて、糖尿病を患っており、インスリン注射が毎日必要でしたが、行えていませんでした。

　遠方に住む息子が地域包括支援センターに相談し、Ｉさんは要介護認定を受けて要介護1の判定となりました。その後、かかりつけ医からの紹介で総合病院を受診して、アルツハイマー型認知症の診断を受けました。糖尿病の悪化もみられたため、訪問看護が始まりました。服薬を忘れることが多かったため、かかりつけ医は週に1回の糖尿病治療薬の皮下注射に切り替えました。その後、デイサービスの利用も始まりました。

　Ｉさんの金銭管理については、日常生活自立支援事業を利用するための面接が何度か行われましたが、利用には至りませんでした。

2 妻が急逝し、認知症の夫の一人暮らしに

　1年半後、妻が急逝し、Ｉさんは一人暮らしとなりました。他県に住んでいた息子はＩさんを引き取ろうとしましたが、実際に引越してみると、Ｉさん自身の希望もあり、数日後には自宅に戻ることになりました。息子は帰省時に、Ｉさんの状況を近所の人々に説明し、理解と協力をお願いしました。食事や家事の支援には宅配弁当や訪問介護が導入されました。

　自宅での一人暮らしを望んだＩさんでしたが、食事を一度にすべて食べてしまったり、ファンヒーターに灯油でなく水を入れてしまうなど、家電の使用に問題がありまし

た。また、外出中に転倒して救急搬送されることも何度かあり心配が増えていきました。そのため、毎日デイサービスに行き、夕方には訪問介護を利用するようにしました。ショートステイや施設入所の調整も試みられましたが、Ｉさんは家のことを心配して施設に入ることに消極的でした。

　一方で、Ｉさんは淋しさや不安を感じていると口にしていました。もともと温和な性格だったＩさんですが、だんだんと怒りっぽくなり、表情も険しくなっていました。

　最終的に、息子が別の病院の医師に相談したところ、医師は介護老人保健施設に入所することをすすめました。介護老人保健施設は在宅復帰を目指すために、医師による医学管理のもと、看護や介護はもとよりリハビリテーションも提供する施設です。精神症状が落ち着いた際には、自宅に戻ることも可能なため、Ｉさんは一時的に入所することになりました。

図　Ｉさんの支援の流れ

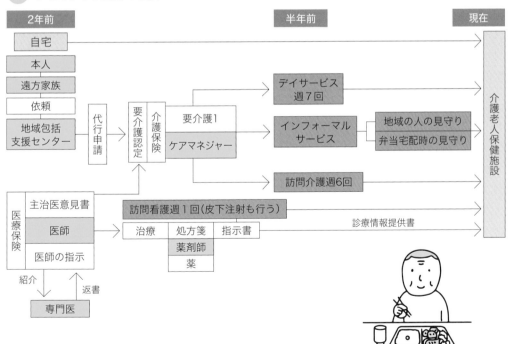

08

小規模多機能型居宅介護を利用して在宅生活を続ける高齢夫婦

1 妻が認知症と診断を受けるまで

　Bさんは80代の女性です。専業主婦で、夫が退職後は二人で山登りに行ったり、ガーデニングをするなど悠々自適の生活を送っていました。

　しかし、3年ほど前から買い物で同じ物を購入する、料理の味付けが変わるなどの症状が出てきました。最初のうちは、夫も気にしていませんでしたが、遠方に住む息子の名前が出てこなくなったり、趣味の美術館巡りで一人で東京に行ったときに道に迷ってしまうことがありました。そのエピソードを聞いた息子は認知症を疑いました。そうこうしているうちに、自宅近くの道で迷ってしまい、民家のインターホンを押して助けを求めるということがおこり、夫も妻が認知症ではないかと思うようになりました。

　しかし、本人はかたくなに「自分は間違っていない」「たまたまである」と主張し、病院受診を拒み続けました。困った夫は地域包括支援センターに相談して、訪問診療を行っている医師に訪問してもらうことにしました。診察の結果、Bさんはアルツハイマー型認知症と診断され、介護保険の利用をすすめられました。そして、地域包括支援センターを通じて代行申請を行い、要介護1と認定されました。

2 介護保険サービスの活用

　介護保険の申請後、地域包括支援センターからデイサービスの利用をすすめられて1日体験利用しましたが、Bさんは「こんなところは私が行きたい場所ではない」と怒り出してしまい、利用することができませんでした。

　そこで、小規模多機能型居宅介護（以下、小多機）を利用することにし、「訪問」から開始することになりました。薬物治療により遠くまで外出することはできなくなりま

したが、一人でふらっと出歩くことはありました。そこでGPSを使うことにしました。これまではBさんが外出すると足の悪い夫があわてて探しに行っていましたが、小多機の職員が居場所を確認して自宅まで送迎してくれるようになりました。そのうち、職員とも仲良くなり、「通い」にお誘いして、お茶を飲んで帰ることができるようになりました。また、夫が病気で急遽入院したときは、小多機の施設内で「泊まり」をすることで安心して生活を継続することができました。

　現在は、毎日「訪問」して、排泄介助と水分補給、室温調整をしています。週4回「通い」を利用して、昼食や入浴、レクリエーションを楽しんでいます。また、月に2回、1泊2日で「泊まり」を利用して、夫の負担を軽減できるようにしています。夫は小多機の担当者と電話やLINEでいつでも連絡が取れることから、ストレスがたまったときにも話を聞いてくれる人がいる安心感があるといっています。

図　Bさんの支援の流れ

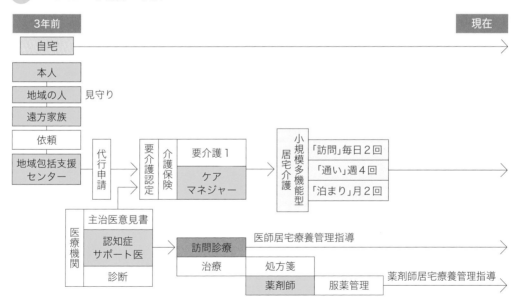

▶ まとめ

　これらの事例は、実際にいる複数の認知症の方のエピソードを織り交ぜたものです。それぞれ認知症と診断されてから生活機能障害が進行しても自宅での暮らしが続いている方々です。

　事例を俯瞰してみると、自宅で利用できる訪問看護、訪問介護、訪問リハビリテーション、訪問診療、薬剤師の訪問などの支援を利用していることが特徴です。さらに同居の家族がいる場合は、介護予防や家族のレスパイトサービスも利用しています。

　ともすると、「これ以上進行させたくない」という思いから、最初にデイサービスを利用する人が多いと思いますが、長期的に考えると年齢を重ねることは避けられず、生活機能はどうしても落ちてきます。本人が望む生活の維持に目を向けて支援を検討すると、在宅生活の継続につながりやすいと思います。

第6章参考文献

● ドーン・ブルッカーなど『DCM(認知症ケアマッピング)理念と実践　第8版　日本語版第2版』社会福祉法人仁至会認知症介護研究・研修大府センター、2011年

キーワードで学ぶ これからの 認知症ケア

01

認知症基本法

▶ 認知症基本法の成立

　2023（令和5）年6月14日、共生社会の実現を推進するための認知症基本法（以下、認知症基本法）が成立しました。**この法律は、認知症の人が社会の一員として尊厳を保ちつつ生活できる社会の実現を目指すことを目的としています。**認知症の人の人権を尊重し、全国民が認知症に理解をもつこと、適切な医療・福祉サービスが提供されること、家族やかかわる人々への支援、認知症に関する研究の推進がその基本理念です。

　この法律では、国は全体的な認知症施策を策定・実行する責任をもち、地方公共団体も地域の状況に応じた施策を策定・実行します。また、医療や福祉サービス提供者、日常生活や社会生活に必要なサービスを提供する事業者、そしてすべての国民が認知症施策に協力し、認知症の人へ配慮をすることを求めています。

▶ 今後の認知症施策

　また、認知症基本法には、今後、国レベルで認知症施策の推進のために **「認知症施策推進基本計画」** が策定され、その達成状況の調査や定期的な見直しが行われるよう定められています。地方レベルでは、それぞれの実情に合った **「都道府県認知症施策推進計画」** および **「市町村認知症施策推進計画」** を策定するように努めることが定められています。

　さらに教育、地域づくり、社会参加の支援、予防、医療サービス、相談支援、研究開発、調査、連携推進、そして国際協力という多岐にわたる認知症に関する基本的な施策が示されています。

基本理念（要約）

①認知症の人は基本的人権を享有する個人である

②国民が認知症についての正しい知識と理解を深め、共生社会を推進する

③認知症の人が社会の対等なメンバーとして活動できる環境を整備する

④認知症の人への適切な保健医療サービスと福祉サービスを提供する

⑤認知症の人とその家族等への適切な支援を行う

⑥認知症に関する研究の推進とその成果を国民へ普及させる

⑦教育、地域、雇用、医療、福祉などの各分野での総合的な取り組みを行う

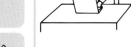

※認知症基本法第3条を参考に作成

第1章 認知症の原因 疾患と症状

第2章 認知症の診察（検査・診断・治療

第3章 認知症の人を支える人たち

第4章 認知症の人を支える 制度・サービス

第5章 認知症の人の 生活課題と解決策

第6章 制度・サービスの 活用事例

第7章 キーワードで学ぶ これからの認知症ケア

02

パーソン・センタード・ケア

▶ パーソン・センタード・ケアとは

パーソン・センタード・ケアとは、認知症の人が「人であること（パーソンフッド）」（Kidwood、水野）を保つような、誠実なコミュニケーションのことです。

一人の人として周囲の人や社会とかかわりをもち、受け入れられ、尊重され、それを実感しているその人の有り様を指します。**人として相手の気持ちを大事にして尊敬し合うこと、互いに思いやり、寄り添い、信頼し合う相互関係を含む概念**（Bradford Dementia Group, 水野）のことです。

パーソン・センタード・ケアの要素は、あらゆる人の価値を認めること、個人の独自性を尊重すること、その人の視点に立つこと、相互に支え合う社会的環境を提供することの4つで表されるとされています（右図）。

▶ パーソン・センタード・ケアで大切にするべきこと

認知症は、あらゆる年齢で発症する可能性があります。さらに障害される部位や程度は人それぞれ異なります。障害の程度や年齢など、いかなる違いがあっても人の価値は変わりません。認知症の人も周囲の人と同じ価値のある人であると考えて接していきます。また、人は一人ひとり異なるということを認めることも大事です。その違いが本人の症状にも影響している可能性があります。人はその人の独自の考え方があります。本人の視点に立ち、それを認めることが関係性を維持するうえで大切です。障害をサポートされながらも、できることは自分で行い、自分自身が成長したいと思う気持ちを尊重してかかわることが求められます。

パーソン・センタード・ケアの重要点 図

パーソン・センタード・ケアの要素[VIPS]

Valuing
あらゆる人々の
価値を認める
こと

Individual
個人の独自性を
尊重すること

Perspective
その人の視点に
立つこと

Social
相互に支え合う
社会的環境を
提供すること

出典：ドーン・ブルッカー、イザベル・レイサム著、水野裕監訳『よいケア文化の土壌をつくる　VIPSですすめるパーソン・センタード・ケア第2版』クリエイツかもがわ、2021年、p.17

認知症の人の個人を高める行為と個人を低める行為

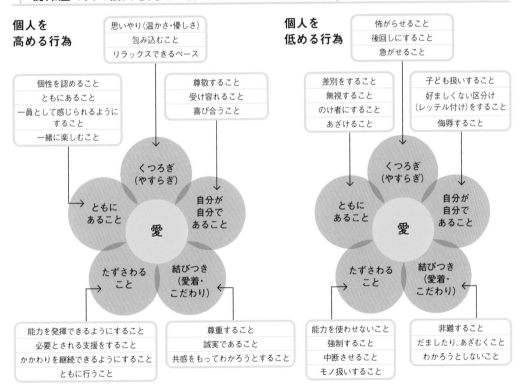

**個人を
高める行為**

思いやり（温かさ・優しさ）
包み込むこと
リラックスできるペース

個性を認めること
ともにあること
一員として感じられるように
すること
一緒に楽しむこと

尊敬すること
受け容れること
喜び合うこと

くつろぎ
（やすらぎ）

ともに
あること

自分が
自分で
あること

愛

たずさわる
こと

結びつき
（愛着・
こだわり）

能力を発揮できるようにすること
必要とされる支援をすること
かかわりを継続できるようにすること
ともに行うこと

尊重すること
誠実であること
共感をもってわかろうとすること

**個人を
低める行為**

怖がらせること
後回しにすること
急がせること

差別をすること
無視すること
のけ者にすること
あざけること

子ども扱いすること
好ましくない区分け
（レッテル付け）をすること
侮辱すること

くつろぎ
（やすらぎ）

ともに
あること

自分が
自分で
あること

愛

たずさわる
こと

結びつき
（愛着・
こだわり）

能力を使わせないこと
強制すること
中断させること
モノ扱いすること

非難すること
だましたり、あざむくこと
わかろうとしないこと

注：私たちは知らず知らずのうちに、本人の求めている心理的ニーズ（5つの花びらと中心の愛）を損ねるような行動をしてしまいます（右図）。
私たちは、その反対の個人を高める行為を行うことで、パーソンフッドを保てるようなかかわりを行うことができます。

出典：ドーン・ブルッカーなど『DCM（認知症ケアマッピング）理念と実践　第8版　日本語版第2版』社会福祉法人仁至会認知症介護研究・研修大府センター、2011年、p.28〜32を参考に作成

03

バリデーション

バリデーションとは

　かつてアメリカの高齢者施設では、認知症の人に対して現実を伝え、彼らの誤った認識を強引に正す方法が一般的でした。混乱した場合は鎮静剤を使い、おとなしくさせることが行われていました。しかし、ソーシャルワーカーのナオミ・ファイル氏はそうした方法に疑問をもち、一見支離滅裂な認知症の人の言動にも意味があり、それを理解することで彼らが安心感を覚えることに着目しました。

　バリデーションは、認知症の高齢者とコミュニケーションをとる方法で、言動や行動を意味のあるものととらえ、認めて受け入れることを主軸としています。

バリデーションの目的

　認知症を患う高齢者は自分の言いたいことやしたいことを言葉で表現しにくいため、バリデーションでは感情表現を促すことに重点を置いています。マイナスの感情も抑えず、受け手が共感する手法です。

　かつてのアプローチが現実を強調し、認識の誤りを強引に正すことを目指していたのに対し、バリデーションでは認知症の人の感情や言動を受け入れることに焦点を当てます。その結果、高齢者が自分の感情を安心して表現できる環境が整い、コミュニケーションが円滑になることが期待されます。

　バリデーションは、認知症の人との距離感や目線、声のトーンなどを大切にすることで、本人が自分の人生の意味や価値を再確認できるようサポートします。また、感覚を用いたコミュニケーションを行ったり、歌や触れ合いなどを取り入れることで、認知症の段階に応じたケアが可能になります。

バリデーションの実践方法としてのテクニック　図

センタリング	カリブレーション	リフレージング（反復）	真心をこめたアイコンタクト
介護者が精神を集中し、その場に集中する	相手の表情・姿勢・呼吸を観察し、同じように合わせて「共感」を表現する	相手の言葉と同じ言葉を繰り返す	親しみやすさを感じさせるアイコンタクトを意識する

アンカード・タッチ	極端な表現を使う	反対のことを想像させる	レミニシング
大切に育むように接触する	言いたいことを強調するために誇張された表現を使う	相手に現在の状況や考えとは反対のことを想像させる	懐かしい思い出話をする

曖昧な表現を使う	好みの感覚を用いる	声に注意する	音楽を使う
曖昧さを含む表現を使ってメッセージを伝える	視覚、聴覚、触覚など相手が好む感覚を用いてコミュニケーションを行う	はっきりとした低くて温かい、愛情のこもった口調にする	慣れ親しんだメロディは、コミュニケーションや感情を引き出す

相手の感情に合わせる	ミラーリング	人間的欲求と行動を結びつける
顔、体、呼吸、声を相手の感情に合わせる	相手の動きや表情に合わせる。ただ真似るのではなく、相手の感情を感じて行う	ある行動がもたらす不満足の感情や心理的ニーズを特定し、対処する

第1章　認知症の原因　疾患と症状

第2章　認知症の診察（検査）・診断・治療

第3章　認知症の人を支える人たち

第4章　認知症の人を支える制度・サービス

第5章　認知症の人の生活課題と解決策

第6章　制度・サービスの活用事例

第7章　キーワードで学ぶこれからの認知症ケア

04

認知症の人の
意思決定支援

▶ 意思決定の重要性

　認知症の人が自分で意思を形成し、表明することは、日常生活や社会生活を自分で決めるという点で重要なことです。**意思決定支援とは、認知症の人が自らの意思に基づいた生活を送れるよう、その能力を最大限活かす支援を行うことです。**

　日常生活での意思決定の場面には、自分の好きなものを食べることや選んだ服を着ること、行きたい場所に出かけることなどがあります。また、入所中の施設の行事に参加することも含まれます。これらの場面では、本人のこれまでの生活や価値観が反映され、日常生活が確保されることが大切です。

　社会生活での意思決定の場面には、住まいを選んだり、一人暮らしを選ぶといったことがあります。また、介護サービスを選んだり、自宅を売却することも含まれます。これらの場面では、本人にとって重大な影響が生じることがあります。

▶ 支援のポイント

　支援の主なポイントは以下のとおりです。まず、静かでリラックスできる場所を提供し、認知症の人が意思決定をしやすい環境を整えます。さらに、情報や資料を用意して意思形成を支援し、選択肢を示したり相談に乗ったりします。また、意思を伝えるためのコミュニケーション方法や表現のサポートを提供し、意思表明を支援します。意思実現のためには、計画を立てたり必要なサービスを提供するなどの支援が必要です。そして、支援の進行を記録し確認し、振り返ることで効果的なサポートを行うための改善点を見つけます。

第1章　認知症の原因　疾患と症状

第2章　認知症の診察・検査・診断・治療

第3章　認知症の人を支える人たち

第4章　認知症の人を支える制度・サービス

第5章　認知症の人の生活課題と解決策

第6章　制度・サービスの活用事例

第7章　キーワードで学ぶこれからの認知症ケア

本人の意思の尊重

認知症の人が自分の意思を表明できるように支援し、その意思を尊重することが重要です。彼らの選択や決定が尊重されることで、自立した生活を送ることができます。

本人の意思決定能力への配慮

認知症の人の意思決定能力は個々に異なります。そのため、その人がもつ意思決定能力に配慮し、最大限活用できるよう支援を行うことが大切です。

早期からの継続的支援

認知症の進行に伴い、意思決定能力が変化することがあります。早い段階から意思決定支援を始め、継続的に適切な支援を行うことが重要です。

意思決定支援

認知症の人とかかわる人は、認知症の人が自分の意思に基づいて生活できるよう、意思決定支援の重要性を理解し、日常生活や社会生活での意思決定の場面をサポートしていくことが求められます。

05 認知症の人の退院支援

　高齢者は入院することも多いですが、特に認知症の人は環境変化に弱く、安静が保てず、昼夜逆転を起こすなどの症状があるため、入院は大きな負担となります。**認知症の悪化を防ぐためにも、早期退院を促すための退院支援が必須です。**

▶ 個別の退院支援

　退院支援の前提として、意思決定支援を通じて認知症の人の希望が尊重され、治療や症状管理に反映されることが求められます。また、家族とのコミュニケーションも入院早期からはかり、介護力や家庭内の状況にも配慮して、本人と一緒に退院後の支援やリハビリテーションの計画を立案します。

　継続可能な体制をつくるためには、主治医や看護師だけではなく、ケアマネジャーやかかりつけ医とも本人や家族の情報を共有することが大切です。退院後を見据えて、入院時から多職種で緊密な連携を保ち、治療や生活に関する情報を提供して、適切な支援を探っていくことが求められます。

▶ 社会的な理解と支援の普及

　退院支援をすすめていくためには、認知症基本法の考えに則り、認知症の人の意思を尊重した治療選択を社会全体で推進する必要があります。入院した際も、認知症の人の意思や尊厳を尊重し、治療の益と害を倫理的に検討し、身体拘束を最小限に留めることが常に求められます。また、通院困難な人に対しては、定期的な訪問診療や訪問看護の利用で入院自体を減らすことも考えましょう。

退院支援における重要な事柄　図

重要な事柄	内容
認知症の人の意思の尊重	・認知症の人の希望を尊重し、表情の変化も読み取って、治療や症状管理に反映する ・認知症の人の意思を推定し、尊重して対応方法を検討する
家族との話し合い	・早期に家族とコミュニケーションをとり、退院後の支援やリハビリ計画を立てる ・退院先や治療方法についても家族の意見を考慮する
情報共有の促進	・主治医や看護師との情報共有を強化し、退院後のケアマネジャーやかかりつけ医とも退院前から連携する ・退院後の治療や生活に関する情報をケアマネジャーや地域包括支援センターに提供し、適切な支援を行う 
認識のズレの調整	・本人・家族・医療者間の意見や認識のズレを早期に調整し、目標を細分化して設定する ・退院後の生活状況に合わせた支援を行い、環境整備を促進する
緊急入院の回避	・地域医療体制の強化により、内科的疾患の予防や早期治療を推進する ・定期的な訪問診療や訪問看護の活用を通じて緊急入院を回避する
救急外来での認知症の人へのケアの充実	・救急外来での認知症の人への配慮を強化し、不安や苦痛を軽減する ・家族のサポートや医療スタッフの教育を充実させる
身体拘束しない治療選択の倫理的検討	・身体拘束の必要性を慎重に検討し、認知症の人の意思や尊厳を考慮する ・治療の益と害を倫理的に検討し、身体拘束を最小限にする
社会的コンセンサスの啓発	・認知症の人の意思を尊重することを、社会全体の認識にする ・啓発活動を通じて、認知症の人の意思を尊重した治療選択を促進する

06

認知症の人を支えるテクノロジーがもたらす支援と可能性

テクノロジーの活用例

　現代社会においては、テクノロジーの力を借りることで、便利で豊かな生活の道が開かれます。認知症の人と家族、支援者にとっても同様です。たとえば、**GPSトラッキングデバイス**や携帯電話の位置情報サービスを使えば、一人で出かけた際に道に迷っても位置がわかり、行方不明になることを防げます。また、**スマートホーム技術**を活用すれば、朝になるとカーテンが自動で開き、夜になれば自動で照明がつくことで、昼夜逆転になることを防ぐことにつながります。

　最近は、**双方向のテレビカメラ**を使って遠方にいる家族がコミュニケーションをとることもできます。また、ドアのカギを自動で開けることもできるので、鍵を失くしたときや巡回型サービスの鍵の管理も楽になります。認知症の人自身も、**電子カレンダー**や**タブレット**を活用することで、自分自身で生活リズムを保ち、自立した生活を送る手助けを得ることになります。

ロボットを活用した未来

　ロボットの技術を活用する未来がすぐそばまで来ています。体操やレクリエーションを一緒に行ってくれるロボット、必要な薬を正しいタイミングで提供する**服薬管理ロボット**などが、自立した生活を送る手助けをします。テクノロジーは、認知症の人々が自身の状況をよりよく理解し、また生活に主導権をもつことを可能にする一方で、家族や支援者がその困難を共有し、つながりを保つことも支援します。

現在利用・開発されているテクノロジー 図

移動アシストツール

ロボットアシスト
ウォーカーRT.2®
RT.ワークス株式会社

ロボット車いす
PathFynder®
Senxeed Robotics株式会社

認知症理解促進

VRによる認知症体験
VR認知症®
株式会社シルバーウッド

自立生活支援

服薬支援ロボ®
ケアボット株式会社

うららかGPSウォーク
株式会社トレイル

遠隔コミュニケーション

ほのぼのTV通話システム®
NDソフトウェア株式会社

介護・支援者サポート

見守りロボット　ゆび坊®
株式会社ユピテル

離床センサー

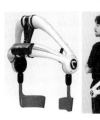

装着型サイボーグHAL®
CYBERDYNE株式会社

話し相手になる
人型ロボット「Pepper」
©SoftBank Robotics

07

認知症カフェ

認知症カフェとは

　認知症カフェは一般的には小規模なグループで実施されることが多く、実施主体は自治体や地域の NPO などが中心となっています。参加者は、認知症の人やその家族、地域の関係者などで、誰でも参加できます。

　活動内容は参加者同士の情報交換や交流のほか、専門家による講演や相談会、アクティビティやリラクセーションプログラムなどが行われることもあります。開催頻度は、地域によって異なりますが、週に1回や月に1回程度が一般的です。現在の普及状況は、地域によっては数多くの認知症カフェが開催されており、全国的に増加傾向にあります。**認知症カフェを通じて参加者同士のつながりや協力体制が築かれ、認知症の啓発や、認知症の人にやさしい地域づくりが期待されます。**

ピアサポートの大切さ

　認知症の人とその家族・支援者は、介護が未経験であることが多く、孤独感や理解されづらさを感じることが多いです。ピアサポート、つまり**同じ経験をもつ人々とのつながりは、強力な支え**となります。

　ピアサポートは、認知症の人がほかの認知症の人と接し、理解し合い、新たな対処法を学び、孤独感を軽減するための重要な援助です。一方、家族や支援者も、同じような立場の人々と経験を共有することで、お互いの感情を受け止め合ったり、介護のしかたや知識を得ることができます。

認知症カフェの要素と特徴 図

<table>
<tr>
<td rowspan="3">認知症カフェの
ビジョン</td>
<td>認知症の人があらためて人と出会う場所</td>
</tr>
<tr>
<td>お互いに認知症への理解を深め合う</td>
</tr>
<tr>
<td>認知症の有無にかかわらず、安心して暮らし続ける
地域づくりを目指す</td>
</tr>
</table>

<table>
<tr>
<td rowspan="5">認知症カフェの
大切な要素</td>
<td>認知症の人への配慮がなされている</td>
</tr>
<tr>
<td>認知症の人・家族・地域の人・専門職の水平な関係</td>
</tr>
<tr>
<td>認知症への理解促進、偏見の払拭につながる情報
提供</td>
</tr>
<tr>
<td>カフェに来場する誰もが役割を持てる機会をつくる</td>
</tr>
<tr>
<td>認知症になることを防ぐのではなく、認知症とともに
生きることを意識する活動</td>
</tr>
</table>

類型	主たる運営者		主たる開催場所		主たる内容
	行政		公共施設		情報提供と学び
	介護・医療機関	×	介護保険事業所	×	地域交流の促進
	認知症関連団体		地域の民間が運営するスペース（屋外含）		認知症早期支援
	地域住民				

令和4年度老人保健健康増進等事業
「認知症カフェの類型と効果に関する調査研究」報告書（概要版）をもとに作図

第1章 認知症の原因　疾患と症状

第2章 認知症の診察・検査・診断・治療

第3章 認知症の人を支える人たち

第4章 認知症の人を支える制度・サービス

第5章 認知症の人の生活課題と解決策

第6章 制度・サービスの活用事例

第7章 キーワードで学ぶこれからの認知症ケア

08

軽度認知障害（MCI）

◗ 軽度認知障害（MCI）とは

軽度認知障害（MCI：Mild Cognitive Impairment）は、**正常な状態と認知症の中間に位置しているような状態**で、自立して生活することはできますが、複雑な作業に時間がかかるなど、軽い支障が出ている状態です。MCI 段階での進行予防や治療に関する研究が進められています。もし治療薬などが開発されれば認知機能の改善や認知症の発症を遅らせることができるでしょう。

また、MCI は必ずしも認知症に進行するわけではありません。MCI と診断された人のうち、1 年間で認知症に進行する人は 5 〜 15％ほどですが、同じ期間で認知機能が回復する人も 16 〜 41％います。この原因の一つには、認知機能の検査では、対面式でそのときの気分やコンディションが影響することがあります。

◗ 早期発見に向けた検査

MCI 診断の重要性が増している要因は、医学技術の進歩により認知症の原因物質をみつけることができるようになってきたからです。たとえば、脳内のアミロイド沈着を検出するアミロイド PET 検査で、顕著な症状が出現する前や超早期の状態のアルツハイマー型認知症を発見できる場合もあります。レカネマブのようなアミロイド沈着を除去する薬剤は、神経細胞が障害される前のアミロイドが沈着している時期が治療適応となるため、アミロイド PET 検査でレカネマブの適応となる人を効果的に診断することができます。

そのほかに、血液や脳を守る液体である髄液の成分を調べることで、アルツハイマー型認知症やレビー小体型認知症などの早期発見を行う研究も進んでいます。

新しい家電の使い方を覚えるのに
時間がかかる

もの忘れの自覚はあるが、
他人事のように感じる

前日の昼食、夕食の内容が
思い出せない

仕事上のミスが増えた

メモを取ることが増えた

第1章　認知症の原因　疾患と症状

第2章　認知症の診察・検査・診断・治療

第3章　認知症の人を支える人たち

第4章　認知症の人を支える制度・サービス

第5章　認知症の人の生活課題と解決策

第6章　制度・サービスの活用事例

第7章　キーワードで学ぶこれからの認知症ケア

09

認知症の予防

認知症予防の基本

認知症の一次予防は、認知症になる前の健康な人に対して、病気の要因となりうるものを除去し、健康の増進を図って、認知症の発生を防ぐ予防措置をとることです。

二次予防は、認知症になった人をできるだけ早く発見し、早期治療を行い、認知症の進行を抑え、病気が重篤にならないように努めることです。治らないまでも、認知症の進行を食い止める、あるいは進行を和らげる治療は二次予防とされています。

三次予防は、すでに発症している認知症を管理し、合併症や事故、関係性の悪化、社会的不利益などを予防することです。リハビリテーションやケア、社会的支援などを含みます。

認知症のリスク要因

認知症のリスク要因として、教育水準の低さ、高血圧、聴覚障害、喫煙、肥満、うつ病、運動不足、糖尿病、社会的接触の少なさ、過度の飲酒、外傷性脳損傷、大気汚染などが指摘されています。実際に久山町の研究では、認知症発症予測のリスクスコアというものが開発され、上記のようなリスク要因を避けることで認知症になりにくくなることが示されています。

認知症の発症を直接抑えるのは、教育の長さと運動習慣です。有酸素運動は認知症の予防になることが複数の研究で示されています。また、地中海食（イタリア料理、スペイン料理、ギリシア料理などの地中海沿岸諸国の食習慣）は認知症の予防に効果があるといわれていますが、まだ研究段階です。

認知症の危険因子 図

高齢期

喫煙	5%
抑うつ	4%
社会的孤立	4%
運動不足	2%
大気汚染	2%
糖尿病	1%

中年期

難聴	8%
頭部外傷	3%
高血圧	2%
過剰飲酒	1%
肥満	1%

若年期

低教育歴	7%

40%

改善できる可能性が
あるとされている
リスク因子

60%

まだ明らかになっていない
リスク因子

出典：Livingston G, et al.:Lancet. 2020 Aug 8;396（10248）:413-446.Figure7（P428）より作成
https://e-65.eisai.jp/maintenance/prevention/

第1章 認知症の原因 疾患と症状

第2章 認知症の診察（検査・診断・治療）

第3章 認知症の人を支える人たち

第4章 認知症の人を支える制度・サービス

第5章 認知症の人の生活課題と解決策

第6章 制度・サービスの活用事例

第7章 キーワードで学ぶ これからの認知症ケア

10 感染症とその対策

　認知症の人は、自分の体調不良に気づかないことがあります。**体調不良は肺炎や尿路感染症などの感染症が原因である場合があります。**食欲不振や不穏などでわかることもあるので、いつもと違う様子があれば、かかりつけ医に相談しましょう。

▶ 一般的な感染症への対応

　感染症対策は、一般の人と同様です。次のような予防策を徹底しましょう。

①**感染症予防の徹底**：手洗いやマスク着用、咳エチケットなど、感染症予防の徹底が必要です。特に認知症の人は手洗いやマスク着用の習慣がないことが多いため、家族や介護職員によるサポートが必要です。また、家族や介護職員自身が感染しないように、自己防衛の徹底も必要です。

②**室内の換気**：室内の換気を十分に行い、外気を取り入れることが重要です。認知症の人は、外出自粛や自宅待機の期間が長くなりやすいため、室内環境の改善が必要です。

③**感染症の早期発見と対応**：感染症にかかった場合は、早期に発見して適切な対応を行うことが必要です。認知症の人は、症状を的確に伝えることが難しいため、周囲の人が注意深く観察し、異常があればすぐに対応することが大切です。

　右の図は、高齢者によくみられる感染症とその対策です。個別に対応が異なる場合があるので、かかりつけ医療機関を受診するなど適切な行動をとりましょう。

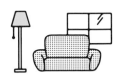

感染症	症状	予防・対応方法の例	治療薬	有効な消毒方法
インフルエンザ	発熱、倦怠感、筋肉痛、頭痛、喉の痛み、鼻水、咳	・ワクチン接種 ・マスク着用 ・手洗い、咳エチケットの徹底	抗ウイルス薬（例：タミフル、リレンザなど）	アルコール消毒、塩素系消毒剤
新型コロナウイルス	発熱、咳、息切れ、倦怠感、味覚・嗅覚異常	・マスク着用 ・手洗い、咳エチケットの徹底 ・発熱、呼吸困難などの症状がある場合は、すぐに医師の診察を受ける（ワクチン接種）	抗体中和薬、抗ウイルス薬など	アルコール消毒、塩素系消毒剤
ノロウイルス	悪心、嘔吐、下痢、発熱	・手洗い、消毒の徹底 ・感染者との接触を避ける	特異的な治療薬は存在しない（症状対策として水分補給など）	塩素系消毒剤
肺炎球菌性肺炎	高熱、咳、喀痰、呼吸困難	・肺炎球菌ワクチン接種	ペニシリン系抗生物質など	アルコール消毒
帯状疱疹	皮疹、疼痛、かゆみ、異常感覚	・帯状疱疹ワクチン接種	抗ウイルス薬（例：アシクロビル、バラシクロビルなど）	病変部位の適切な管理と清潔保持
結核	慢性的な咳、喀痰、血痰、発熱、夜汗、体重減少	・BCGワクチン接種 ・マスク着用 ・手洗い、咳エチケットの徹底	抗結核薬（例：リファンピシン、イソニアジドなど）	アルコール消毒、紫外線による消毒
尿路感染症	排尿時の痛み、頻尿、腹痛、下背部痛、発熱	・適切な排尿の管理 ・適切な水分摂取 ・発熱などの症状がある場合は、すぐに医師の診察を受ける	抗生物質（病原体による）	個人衛生の徹底（トイレ後の手洗い等）
食中毒	吐き気、嘔吐、下痢、腹痛、発熱	・適切な食品の取り扱いと調理 ・発熱などの症状がある場合は、すぐに医師の診察を受ける	胃腸薬、抗生物質（病原体による）	食材の適切な管理、調理器具の適切な清掃と消毒
誤嚥性肺炎	咳、呼吸困難、胸痛、発熱	・適切な飲食の管理（嚥下機能の評価、飲食内容の調整等） ・発熱などの症状がある場合は、すぐに医師の診察を受ける	抗生物質（病原体による）	個人衛生の徹底（手洗い等）、食材の適切な管理

第1章 認知症の原因疾患と症状

第2章 認知症の診察（検査）・診断・治療

第3章 認知症の人を支える人たち

第4章 認知症の人を支える制度・サービス

第5章 認知症の人の生活課題と解決策

第6章 制度・サービスの活用事例

第7章 キーワードで学ぶこれからの認知症ケア

11 スコットランドの認知症診断後支援

▌同じ市民として認知症の人がまちづくりに参画する

スコットランド（英国）の認知症政策は、日本の認知症基本法にも大きな影響を与えました。**スコットランドでは、すべての認知症にかかわる政策、活動の基盤となるものとして、認知症の人とかかわる人のための権利憲章が制定されています。**この憲章の目的は、認知症の人の権利がその人にかかわる人たち、そして地域社会全体で認められ尊重されるようにすることです。

スコットランドでは、2013年に認知症の人が地域で生活し続けられるように、診断後から最低12か月間、専門職のサポートを受けられる診断後支援のしくみができました。この政策は、2009年から2011年にかけてスコットランドの大学と56人の認知症の人と77人の家族が参加してつくったものです。研究の結果、認知症とともに充実した生活を送るために必要で適切な支援が5つのカテゴリーで示されました（右図の黄色）。

▌認知症フレンドリーな政策

スコットランドでは、認知症の人が住みやすい地域づくりも行われています。たとえば、公共交通機関が利用しやすく改善されたり、認知症の人も障害者用駐車場を利用できます。

また、非営利団体やチャリティー組織が政策を支えています。代表的な団体にはスコットランド・アルツハイマー協会、Life Changes Trust、DEEPがあります。これらの団体は、認知症の人や家族の支援を行い、情報提供や心理的サポート、資金提供などを通じてケアの質の向上を目指して活動しています。

スコットランドの認知症の人の早期診断後支援と権利憲章　図

スコットランドの認知症早期支援（リンクワーカー制度）

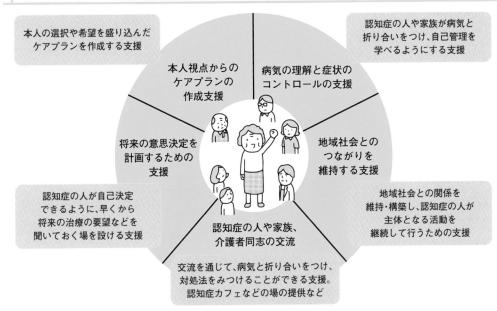

本人の選択や希望を盛り込んだ
ケアプランを作成する支援

本人視点からの
ケアプランの
作成支援

認知症の人や家族が病気と
折り合いをつけ、自己管理を
学べるようにする支援

病気の理解と症状の
コントロールの支援

将来の意思決定を
計画するための
支援

認知症の人が自己決定
できるように、早くから
将来の治療の要望などを
聞いておく場を設ける支援

地域社会との
つながりを
維持する支援

地域社会との関係を
維持・構築し、認知症の人が
主体となる活動を
継続して行うための支援

認知症の人や家族、
介護者同志の交流

交流を通じて、病気と折り合いをつけ、
対処法をみつけることができる支援。
認知症カフェなどの場の提供など

スコットランド認知症の人と介護者のための権利憲章（要約）

カテゴリー	内容
認知症の人の人権に関する決定への参加	1. 影響を受ける決定への参加　2. 自立した文化的生活 3. ケアのニーズに関する評価・計画・調整・支援・治療への参加 4. 政策への参加
認知症にかかわる人は認知症の人の人権の尊重、保護、履行に責任がある	5. 認知症の人には人権と基本的自由がある 6. 認知症にかかわる機関・組織・個人に責任があることの確認
差別撤廃と平等	7. あらゆる理由による差別からの自由
人権に関する意識や知識を高めたり、人権を主張する方法を身につけることができるようにするための支援	8. 適切なケアへのアクセス　9. 自立と参加の獲得・維持 10. 地域教育への参加　11. サービスを受ける権利 12. 質の高いサービスを受ける権利
すべてのプロセスと成果の評価基準において人権の面で合法性がある	13. すべての人権の尊重・保護・達成 14. 情報取得・意思決定への参加・苦情手続きへのアクセス 15. 市民としての法的権利
その他	・ケアの介入は本人の制限を極力避ける、本人の希望を考慮する ・本人の能力を活用するための認知症ケア技術を習得する場の提供

12

認知症と国際生活機能分類(ICF)

　障害の考え方は、国際生活機能分類（ICF）を参考に分類するとわかりやすいため、簡単に紹介します。

　ICFでは生活機能における障害を①心身機能・身体構造、②活動、③参加に分けて考えます。たとえば若年性認知症のＡさんの場合を考えてみましょう。Ａさんは、①実行機能障害、記憶障害がある、②外出は一人で可能だが、たまに道に迷うので外出の際はヘルプカードを携帯して支援が得られるようにしている、③職場では障害者枠を用いて就労を続けている、というように分類をしていきます。

　次に障害に影響を与える要素を背景因子とします。背景因子は④環境因子（人的環境）と⑤個人因子に分かれます。④Ａさんの職場の人間関係では、支援をしてくれる同僚がいて、可能な仕事や得意な仕事を中心に行っている、精神障害者保健福祉手帳を申請して、公共交通機関の割引サービスを利用している、などです。⑤個人因子は、53歳、男性、妻と子どもがいる、28年間同じ職場で働いている、といった情報です。

　⑥健康状態は、病気や変調、障害などを含んでいます。アルツハイマー型認知症と診断されている、となります。

ICFを用いて考えるメリット

　ICFを用いて考えるメリットは、「何らかの活動を行ったり、地域社会に参加するには障害を克服しなければならない」という従来の考えから脱却して、多面的にアプローチできることです。たとえば①にアプローチしてリハビリを行ったり、④の環境の改善により、その人が送りたい生活を継続できるよう支援を得ることも可能ということです。

ICFと記録項目　図

ICFの全体的な関係性

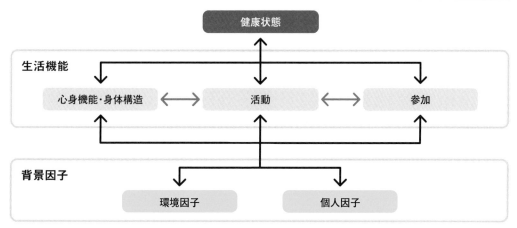

それぞれの項目が相互に影響し合うため、双方向に矢印が付いている。
障害があっても、身体機能の向上だけでなく、背景因子にもはたらきかけて活動や参加ができるようにすることに
焦点が当たっている。

ICFを用いるときに記録する項目の例

項目	説明
健康状態	病気や傷害、体調の変化、過去の病歴と現在の状態、対象者の健康状態を把握し記録する
心身機能・身体構造	人間が生命を維持するために必要な機能。心身機能は肉体の動き・精神面の状態、身体構造は関節や皮膚、筋肉などの身体の部位に関する情報を記録する
活動	対象者の日常生活能力。食事や入浴、排泄などの基本的な能力から、仕事や課題がこなせる複合的な能力を記録する
参加	対象者が社会活動に積極的に参加する能力。自発的なコミュニケーションや行事への参加状況を記録する
環境因子	物的環境（自宅や介護施設の物理的環境）、人的環境（家族や友人などの人間関係）、社会制度的環境（法律、保険制度などの社会的システム）を記録する
個人因子	個人がもつ性質。国籍や性別、人種のような先天的なものから、身長や体重、学歴、職歴などの後天的なものまでを記録する

13

ポジティブデビアンス

認知症の人の課題解決の困難さ

認知症の人が地域で生活し続けることは、ハードルが高いと感じることも多いと思います。その原因には個人の問題だけでなく、地域の慣習や考え方なども含まれることがあり、解決困難のようにうつることもあります。

たとえば「認知症の人が地域でこれまでどおり生活し続ける方法がわからない」場合を考えてみます。周囲の人に相談すると、その人の過去の経験に基づいたアドバイスをしてもらえます。しかし、それを真似してみても、うまくいかないこともあるでしょう。

似た環境下でうまくいっている「人」に焦点を当ててみる

そのようなときには、同じ地域で暮らし続けている「人」を探してみます。たとえば、140ページで紹介したKさんのケースでは、地域包括支援センターが地域の人に対して、見守りの協力を根回ししてくれました。また定期巡回・随時対応型訪問介護看護の介護職や看護師が毎日訪問することで、本人も周囲も安心して暮らすことができていました。そういった**地域でモデルとなる人を調べて、真似してみるとうまくいくことがあ**ります。このようなアプローチ方法を、**ポジティブデビアンス（片隅の成功者）**といいます。

ほかの人でもうまく展開できれば、その地域自体が認知症の人に住みやすい地域になっていくことにもつながります。このような方法を普及するためには、当事者がその特徴を自らみつけられるようにすることが大切です。

ポジティブデビアンス(片隅の成功者)普及のプロセス(5つのD)　図

Define
（定義する）

問題やその原因を明確化する。共通の課題や障壁、制約、コミュニティの慣行に合わせ、その人の望ましい状態や目標を特定する

Determine
（特定する）

似た環境下で問題を解決している個人やグループ、同じ問題をもちながらも回避できている人を特定する。ICFを用いて問題要因を整理することも有効

Discover
（発見する）

その個人や調査、観察を通じて、成功している実践や戦略をみつける。このステップは必要に応じて繰り返す

Develop
（展開する）

発見した実践や戦略を実践できるようにする活動を考える。このとき、コミュニティの人たち自身が発見できるようなミーティングを行う

Discern
（見極める）

展開し、実践した効果をモニタリング・評価し、結果を見極める。改善点を共有し、さらなる変化への動機づけとしていく

第1章 認知症の原因 疾患と症状

第2章 認知症の診察（検査）・診断・治療

第3章 認知症の人を支える人たち

第4章 認知症の人を支える 制度・サービス

第5章 認知症の人の生活課題と解決策

第6章 制度・サービスの活用事例

第7章 キーワードで学ぶ これからの認知症ケア

第 7 章 参考文献

- 水野裕　パーソン・センタード・ケア再考『認知症ケア研究誌6』:41-57, 2022
- 英国ブラッドフォード大学認知症介護研究グループ　平成15年度老健保健健康増進等事業　監修　認知症介護研究・研修大府センター『その人を中心としたケアをめざして〜パーソン・センタード・ケアと認知症ケアマッピング』、社会福祉法人仁至会認知症介護研究・研修大府センター、2006年
- ドーン・ブルッカーなど『DCM(認知症ケアマッピング)理念と実践第8版　日本語版第2版』社会福祉法人仁至会認知症介護研究・研修大府センター、2011年
- 石原哲郎. "スコットランドの認知症のある人とその人にかかわる人のための初期診断後支援 (特集 諸外国における初期の認知症の人の支援)." 日本認知症ケア学会誌19.3 (2020): 505-513.
- 「認知症カフェの類型と効果に関する調査研究」報告書(概要版)
https://www.dcnet.gr.jp/pdf/download/support/research/center3/230328/s_r4_ninchicafe_chosa_hokokusho_gaiyo.pdf
- 令和4年度老人保健健康増進等事業「認知症カフェの類型と効果に関する調査研究」報告書(概要版)
https://www.dcnet.gr.jp/pdf/download/support/research/center3/230328/s_r4_ninchicafe_chosa_hokokusho_gaiyo.pdf
- ナオミ・ファイル、ビッキー・デクラーク・ルビン著、稲谷ふみ枝監訳、飛松美紀訳『バリデーション入門　認知症の人の想いを傾聴・共感するコミュニケーション法』中央法規、2023年

索引

著者紹介

石原哲郎(いしはら・てつろう)

脳と心の石原クリニック院長
脳神経内科専門医、認知症専門医、認知症サポート医

ブラッドフォード大学認定認知症ケアマッピング上級ユーザー。専門は認知症の診断と診断後支援、パーソン・センタード・ケア。2001年に山口大学医学部卒業。急性期病院での研修を経て神経内科医となる。2013年名古屋大学医学系研究科神経内科学にて博士（医学）を取得。2014年東北大学医学系研究科高次機能障害学助教。2017年エディンバラ大学健康社会学部認知症の経験研究センター客員フェロー。大学病院や総合病院、精神科診療所等での豊富な認知症診療経験をもつ。2021年4月に脳と心の石原クリニックを開設。現在は地域の高齢者に対して、外来診療と訪問診療を通して、生活を継続するための支援を行う。国内外の認知症当事者と友好関係をもち、協力し合っている。地方自治体や各種団体の依頼で認知症診断後支援に関する講演会やワークショップを開催している。

書籍へのご意見や感想、本書に追加掲載したほうがよいと思われる制度やサービスなどは下記 Line(@755jxlsu) までご連絡ください。

脳と心の石原クリニック Line

図解でわかる認知症の知識と制度・サービス

2023年10月6日　初　版　発　行
2024年 4 月 6 日　初版第 2 刷発行

著　者　　石原哲郎
発行者　　荘村明彦
発行所　　中央法規出版株式会社
　　　　　〒110-0016　東京都台東区台東3-29-1　中央法規ビル
　　　　　Tel 03（6387）3196
　　　　　https://www.chuohoki.co.jp/

印刷・製本　　株式会社ルナテック
装幀デザイン　二ノ宮匡（ニクスインク）
本文・DTP　　ホリウチミホ（ニクスインク）
イラスト　　　大野文彰